有元くるみの ごはんアルバム
gohan album

子供のころのごはんの記憶は大人になっても残り続ける

小さいころの私は、とってもわがままで頑固な娘でした。
今も変わらないトコロありますけどね。
3人姉妹の真ん中だったせいか、
まわりとちょっと違うかなりのマイペースな性格、
親からしたら手のかかる子供でした。
もう30代も半ばになってしまいましたが、
「くーちゃんは昔大変だった話」が、家族や親戚が集まるといまだに出てきます。
相当なわがままな頑固ぶりは自分でもよくわかっていました。
これはよくないなと思いつつも、
いつも迷惑をかけては母を困らせて……
そんな大変な子育ての中で、仕事もしながら
母は毎日おいしいごはんを作ってくれていました。
私も家族がいて仕事もしているけど
母のようにごはんを毎食きちんと作れているかといったら……
疲れてしまって手を抜いてしまうこと、何度もあります。
そして日々反省。
でも私が子供のころの思い出で、おいしいごはんの記憶が残っているように、
自分の子供たちにも「ママのあのごはん好き!」と
思い出に残っていてほしいと思うと、
「よーし、やるか!」と頑張れるのです。

母がよく口にする言葉。
「ちゃんと作ったごはんを食べていれば、悪い子にはならないから」
気持ちが楽になって楽しくなってくる。この言葉、好きなんです。
Thanks! mama.papa.
くるみ

contents

part 1
小さいころから好きな味

Half Veg Spag Bol	6	野菜たっぷりのミートソースパスタ
Deep-Fried Fluffy Pork Balls	8	肉団子のやわらか揚げ
Kasu-zuke Fish	10	魚の粕漬け
Braised Taro	12	里いもの煮もの
Baked Pumpkin	13	かぼちゃのほっくり煮
Crispy Fried Chicken	14	鶏のバリバリ
Cabbage Beef Croquettes	16	キャベツメンチ
Baked Macaroni	18	マカロニグラタン
Sliced Beef Shank Salad	20	牛すねサラダ
Hong Kong Street-Style Porridge	22	香港屋台のごちそうお粥
Foolproof Wonton	24	簡単ねぎワンタン
Chicken Pho Noodle Soup	26	鶏のフォー
Grilled Brown Rice Balls with Miso	28	玄米みそ焼きおにぎり
Braised Hijiki	30	ひじきの煮ものを使って……
Burdock root Kinpira	32	きんぴらごぼうを使って……
Strawberry Syrup	34	いちごのシロップを使ったデザート2品
Grape Syrup	36	グレープシロップを使ったデザート2品
Apple Jam	38	りんごジャム
Apricot Jam	39	あんずジャム
Caramel Custard Pudding	40	カスタードプディング
Sausage Rolls and Hot Chocolate	42	ウィンナロールとホットココア
Paris Brest, My Childhood Memory	44	8歳のパリ・ブレスト

この本での約束ごと ●この本で使用している1カップは200ml、大さじ1は15ml、小さじ1は5mlです ●卵はLを使用しています ●電子レンジの加熱時間は、500Wのものを目安にしています。機種によっては多少の差が出ることもあります ●オーブンは、あらかじめ設定温度に温めておきます。焼き時間は熱源や機種などによって多少の差があります。レシピの時間を目安に、様子を見ながら加減してください。

part 2
覚えていてほしい味

Rice, Miso Soup, and Pickled Vegetables	48	白いごはんとおみそ汁、お漬けもの
Pan-Fried Siso Prawn Dumplings	50	しそとえびの焼きギョウザ
Noodle with Minced Pork & Spicy Bean Paste	52	麻婆ジャージャーめん
Oden with Negi-Miso Dip	54	ねぎみそおでん
Beef Udon Noodle with Negi	55	牛肉と長ねぎのうどん
Braised Beef and Potatoes	56	肉じゃが
Minced Pork Curry	58	ドライカレー
Japanese White Stew with Basil Sauce	60	和風クリームシチューとバジルソース
Various Pickled Vegetables	62	いろいろ野菜のもみ漬け
French Toast	64	フレンチトースト

part 3
出会った味

Soupy Curry with Brown Rice	68	スープカリーと玄米ごはん
Najiya's Couscous	70	ナジーヤのクスクス
Rice mixed with Sun-Dried Horse Mackerel	72	あじの干ものの混ぜごはん
Grilled Aubergine Tofu Salad	74	焼きなすのサラダ奴
Deep-Fried Tofu with Lemon Grass Sauce	74	厚揚げのレモングラスソース
Molokheiya and Purple Yam Soup	76	モロヘイヤと紫いものスープ
Vietnamese Stir-Fried Vegetable Rice Bowl	78	ベトナム風野菜炒め丼
Grilled Chicken and Rocket Salad with Spicy Dressing	80	塩焼き鶏とルッコラのスパイシーサラダ
Stir-Fried Spinach with Cumin	82	ほうれんそうのクミン炒め
Cabbage Potato Curry	82	キャベツとじゃがいものカレー
Marinated Fruits in Maple Syrup with Cinnamon	84	シナモンシロップフルーツ
Vegan Muffins	86	ベジマフィン

part 1

小さいころから好きな味

結婚して実家を離れてから13年。
これまで自分なりに料理に工夫を
凝らしてきましたが、
今でも我が家の食卓に上るのは、
子供のころから慣れ親しんだ
母の味がとても多いです。
「何食べたい?」と母に聞かれた時に、
よくリクエストしていたもの、
聞かれなくても「作って!」と
せがんでいた大好きなおかずなど、
有元家の定番メニューの中から
22品を選びました。
思いのほか簡単にできるものもあれば、
ひと手間を必要とするもの、
主役もあれば脇役も。懐かしさと
おいしさがぎっしり詰まったレシピです。

野菜たっぷりのミートソースパスタ

材料（パスタ4人分 ミートソースは8～10人分）
牛ひき肉・・・・・・・・・・・・・500g
にんにく・・・・・・・・・・・・・2片
玉ねぎ・・・・・・・・・・・・・・2個
セロリ・・・・・・・・・・・・・・1本
にんじん・・・・・・・・・・・・・1本
生しいたけ・・・・・・・・・・・5～6個
オリーブオイル・・・・・・・・・大さじ6
赤ワイン・・・・・・・・・・・・2カップ
ブイヨンキューブ・・・・・・・・・・1個
ローリエ・・・・・・・・・・・・・3枚
トマト水煮缶・・・・・・・・・・・2缶
オレガノ（ドライ）・・・・・・・・小さじ2
しょうゆ・・・・・・・・・・・・大さじ1
トマトケチャップ・・・・・・・・½カップ
塩・こしょう・・・・・・・・・・各適宜

スパゲティ・・・・・・・・・・・・400g
パルミジャーノ・レッジャーノ・・・・適宜
パセリ・・・・・・・・・・・・・・適宜

作り方

1 にんにく、玉ねぎ、セロリ（葉ごと）、にんじん、生しいたけはみじん切りにする。
2 鍋にオリーブオイル大さじ4とにんにくを入れて弱火で熱し、香りが出てきたら玉ねぎを加えて中火で炒める。
3 玉ねぎがしんなりしてきたらセロリ、にんじん、しいたけを加えて炒め、ひき肉を加えてさらに炒める。肉の色が変わり、ポロポロになってきたらワインを入れる。
4 ワインが煮立ってきたらアクをとり、ブイヨンキューブとローリエ、トマト缶を汁ごと加え、塩、こしょうして弱火で30分～1時間煮込む。
5 仕上げにオレガノ、しょうゆ、ケチャップ、塩、こしょうで調味し、とろみがつくまで煮込む。
6 スパゲティは塩大さじ1を加えたたっぷりの湯でゆで、ざるにあけて水けをきり、ボウルに入れ、オリーブオイル大さじ2を加えてあえる。
7 6を器に盛り、5のミートソースをかけてチーズとパセリをたっぷりふりかける。

Half Veg Spag Bol

スパゲティは
「ディ・チェコ」No.10フェデリーニを愛用中。
母は「ディ・チェコ」といえば
No.11がお気に入りで、
私もずっと使っていました。
最近ちょっと浮気をして細めのNo.10を使ったところ
アルデンテのしやすさにビックリ。
どこでも売っているので、まとめて買います。

たまたま友達が
おみやげに持ってきてくれた
「コノスル」のオーガニックワイン。
飲んでみたらおいしい！
有機栽培のぶどうを100％使用していて
収穫はすべて手摘みとか。
安心して飲めるので
ミートソースにもたっぷり入れちゃうし
作りながら飲んじゃうし。
ラベルの自転車のデザインも
かわいいでしょ。

母がよく作ってくれたミートソースは赤ワインとトマトだけで煮込むので

コクのある、深い味わいになるんです。そんなに！　というほど入れるから

酔っぱらいそうですが、アルコール分はとんでしまうのでご安心を。

飲み残しの赤ワインが出た時のおいしい消化法です。我が家も

「今日の夜ごはんはミートソースだよ！」と言うと子供と主人が跳んで喜ぶほどの大好物。

うちではひき肉の量を減らして、しいたけのみじん切りをたくさん入れてお肉がわりに。

冷凍ストックしておいてドリアやピザトーストの具として使っています。

肉団子のやわらか揚げ

この揚げ団子の好きなトコロ。左手でタネを軽く握って指の間からにょろ〜っと
出てきたところを丸くスプーンですくって揚げるという作業。
小さいころ、毎秒1個のすばやい母の手つきを眺めているのが楽しかったな〜。
いつもどっさりと作り、ピラミッド状にてんこ盛りに積んでも
あっという間にたいらげてしまうほどおいしい。おしょうゆとからしで
シンプルに食べるからかな？　もし残ってしまってもスープやあんかけの具にしたり、
ちょっとくずして卵とねぎでチャーハンにして楽しんでいます。

材料（4人分）
たね
- 豚ひき肉・・・・・・・・・・500g
- 長ねぎ・・・・・・・・・・・½本
- しょうが・・・・・・・・・大1かけ
- 卵・・・・・・・・・・・・・3個
- 塩・こしょう・・・・・・・・各少々
- 酒・・・・・・・・・・・大さじ1〜2
- 片栗粉・・・・・・・・・・大さじ2

揚げ油・・・・・・・・・・・・適宜
練りがらし・しょうゆ・・・・・・各適宜

作り方
1 長ねぎ、しょうがはみじん切りにする。
2 ボウルに1とひき肉、卵、塩、こしょう、酒、片栗粉を入れ、ねっとりするまで手で混ぜ合わせる。同じ方向に混ぜると空気がたくさん含まれ、粘りが出て仕上がりがふっくらに。
3 2のたねを手にとり、軽く握って絞り出し、それをスプーンですくい、中温（170度）に熱した揚げ油の中に静かに入れながら揚げていく。表面が固まって少し色づいてきたらひっくり返し、全体がきつね色になるまで3〜4分ほど揚げ、油を十分にきる。
4 器に盛り、練りがらしとしょうゆをつけて食べる。

この肉団子は卵をたっぷり使います。
たくさん入れると中がふんわりして、
プロの技!?　と思えるくらいやわらかな食感に。
母は中国人のコックさんの友達から
教えてもらったそうです。
ちょっと高めでも
新鮮なおいしい卵を使います。

肉団子の丸め方を伝授します。
たねを手のひらにとり、軽く握って、
小指から順に押し上げて絞り出すと
ちょうどいい大きさの丸ができあがります。
コツさえつかめば、手早くできるようになるので
練習してみてくださいね。

Deep-Fried Fluffy Pork Balls

魚の粕漬け

粕床づくりは初挑戦。
母がやっていたことを思い出し真似してみました。
あとから粕をぬぐいとらなくていいように
ガーゼで魚を包むのが母流なら……。
私は粕をたっぷりつけて片面だけ包み
しっかりと味をなじませます。
粕床は2～3回目ぐらいがおいしいですよ。

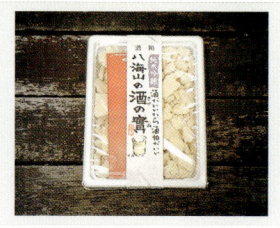

紀ノ国屋や茅ヶ崎のお店でたまたま見つけた
「八海山の酒の實」を使ってみました。
純米吟醸酒の酒粕なので
香りが高く上品な仕上がりに。
魚を漬けるときは
混じりけのないものがおすすめです。
板粕を常温で熟成させた留粕が手に入ったら、
酒でのばさずにそのまま使ってくださいね。

材料(4人分)
魚(さわら、めだいなど)・・・・・・4切れ
塩・・・・・・・・・・・・・・・・適宜
粕床(作りやすい分量)
　板粕・・・・・・・・・・・・600g
　酒・・・・・・・・・・・・1½カップ

作り方
1 魚はざるに並べてやや強めに塩をふり、冷蔵庫に入れて一晩置き、身をしめる。
2 板粕は小さくちぎってフードプロセッサーに入れ、酒を加えてかくはんし、粕床を作る。
3 密閉容器に2の粕床を2〜3cm厚さに敷き、ガーゼをかぶせる。
4 3の上に水けをふきとった1の魚を並べ、ゴムべらや木べらを使って、上から残りの粕床をすり込むように敷きつめる。
5 4を冷蔵庫に入れ、2日ほど置いて味をなじませてから、焼き網かグリルで両面をこんがり焼き上げる。

Kasu-zuke Fish

「一番好きなおかずを3つあげてと聞かれたら、粕漬けは絶対にベスト3に入る」
たぶんこのセリフ、小学生のころから言ってる。西京漬け、みそ漬けなども同じくらい大好き。
「何が食べたい？」「粕漬け！」とよくお願いしていたっけ。
でも、漬かるのに時間がかかるから2〜3日後に食卓に登場してた。そんなに好きなくせに
自分ではなかなか作らずにいたのです。結構おいしいのが売っていたりするから
あえて作らなくてもね……とついつい買っちゃったりして。ということで今回初めて挑戦。
アラ？　意外と簡単！　しかもおいしい。2回目3回目と重ねるほど
味がなじんでくることも発見。今度はみそでも入れてみよう。やっぱり手作りっていいな。

里いもの煮もの

高校生のころ、煮ものの練習でもしようかな……と思い、母が留守の時をねらって（留守じゃないとちょっと気恥ずかしいし、作りづらかったので）"母の著書を見ながら"挑戦していました。皮をきれいにむく、絞ったふきんで表面をふく、落としぶたをするなどなど、一人やや緊張の面持ちで作っていたのを思い出します。かつお節でおだしもとって、あのころよりは上達したかな？

材料（4人分）
里いも・・・・・・・・・・・・・15～20個
煮汁
　かつおだし・・・・・・・・・3½カップ
　みりん・・・・・・・・・・・大さじ2
　しょうゆ・・・・・・・大さじ2～2½
　塩・・・・・・・・・・・・・・・少々
　酒・・・・・・・・・・・・・大さじ2
ゆずの皮・・・・・・・・・・・・1個分

作り方
1 里いもはタワシなどで泥を落として乾かす。皮をむき、固く絞ったぬれぶきんで表面をふいてぬめりをとっておく。
2 鍋に煮汁を煮立てて里いもを入れ、落としぶたをして弱火でコトコト煮る。串がスーッと刺さるのを目安に火を止め、そのままさます。
3 食べるときに再び温め、器に盛ってせん切りにしたゆずの皮をたっぷりのせる。

Braised Taro

かつおだしは
時間をかけて作るとおいしいです。
水1ℓにつき日高昆布20cmとかつお節100gを用意します。
鍋に水と切り目を入れた昆布を入れ、
そのまま2～3時間置いてから弱めの中火にかけます。
昆布に泡がついてきたら、昆布を引き上げ、
かつお節を入れて2～3分後に火を止めます。
そのままかき混ぜないでさましましょう。
多めに作ってストックしておくと便利ですよ！

かぼちゃのほっくり煮

食卓に並ぶおかずは割とにんにくや豆板醬の効いたパンチのあるスパイシーなものが多かったかな。バランスをとるように甘い副菜はこのかぼちゃや煮豆だったりします。特に私はかぼちゃの煮ものが大好きです。お弁当のおかずがちょっと足りない時とか、小腹がすいて甘いものが食べたいなと思った時の助っ人的存在です。調味料は砂糖と塩少々だけだから、ちょっと手を加えてココナッツミルクと一緒に煮つめてかぼちゃ汁粉にしたりプリンにしたりと考えると、バリエーションがどんどん広がっていきますよ。

材料（2人分）
かぼちゃ・・・・・・・・・1/4個（500〜600g）
甜菜糖・・・・・・・・・・・・・大さじ3〜4
塩・・・・・・・・・・・・・・・・・小さじ1/3

作り方
1 かぼちゃは大きく乱切りにし、身の部分に甜菜糖と塩をつける。表面が水っぽくなるまで、30分〜1時間置く。
2 中くらいの鍋にかぼちゃを入れ、かぼちゃが身がしまって堅いものなら、鍋底から1cmくらいの水を入れて火にかける。水っぽいかぼちゃの場合は5mm程度に。
3 煮立ってきたらふたをして、13〜15分弱火で煮る。

2年ほど前から体に負担を感じる白い砂糖を
なるべく口にしないようにしています。
数種類を使い分けていますが、なかでも甜菜糖は
クセのない甘みだから料理、
お菓子にヘビーローテーション。
肩こりや頭痛も軽くなって、
よいコンディションを保っています。

Baked Pumpkin

鶏のバリバリ

材料（4人分）
鶏もも肉・・・・・・・・・・・・・・・1枚
漬け込みだれ
　卵・・・・・・・・・・・・・・・・・1個
　おろしにんにく・・・・・・・・・・1片分
　しょうゆ・・・・・・・・・・・大さじ1½
　酒・・・・・・・・・・・・・・・大さじ1
片栗粉・揚げ油・・・・・・・・・・各適宜
レタス・・・・・・・・・・・・・・・適宜
薬味だれ（作りやすい分量）
　長ねぎ・・・・・・・・・・・・・・½本
　しょうが・・・・・・・・・・・大1かけ
　酢・酒・・・・・・・・・・・各大さじ2
　しょうゆ・・・・・・・・・・・大さじ6
　ごま油・・・・・・・・・・・・大さじ1
　豆板醤・・・・・・・・・・・小さじ1½
　甜菜糖・・・・・・・・・・・・小さじ½

作り方
1 鶏肉は厚みの部分に包丁を入れて薄く開き、皮はフォークで何か所かつついておく。
2 バットに漬け込みだれの材料を合わせて1の鶏肉を漬け込み、ときどき上下を返して1時間以上漬けて下味を十分に含ませる。
3 薬味だれを作る。ねぎ、しょうがはみじん切りにし、調味料と合わせておく。
4 バットに片栗粉をたっぷり広げ、漬け込んだ鶏肉を入れて、全体に片栗粉を押しつけるように真っ白にまぶしつける。
5 中華鍋に鶏肉がつかるくらいの油を入れて高温（180度）に熱し、4の鶏肉の皮を下にして入れ、ころもが固くなったら返して、両面がこんがりきつね色になるまで揚げる。
6 食べやすい大きさに切り分け、細く切ったレタスの上に盛る。3のたれをよく混ぜ、好みの量をアツアツの鶏肉にかける。

Crispy Fried Chicken

鶏肉はたれに1時間ぐらい漬け込むと、
味がしみてグンとおいしくなります。

小さいころからなじみのある「千鳥酢」。
創業250余年の歴史のある
京都の村山醸酢のものです。
このお酢で作るサラダのドレッシングは
最後まで飲めちゃうぐらいまろやかで、
酸味がやわらかいのが特徴。
「調味料はいいものをそろえておけば
おいしい料理が簡単にできるのよ」って
母も言ってましたっけ。

初めて母が作ってくれた時には、鶏肉1枚でこんなにボリュームのあるおかずができるのかと
結構驚きました。1枚の鶏肉をとことん薄く切り広げていき、
たっぷりの片栗粉でこんがりとバリバリに揚げるから「鶏のバリバリ」と名づけられました。
家族4人分できるのでバリバリ経済的☆といいたいところですが、
中華だれをかけるとさらにおいしさが増し、子供の箸がすすみ、ごはんがすすみ、
大人はビールがすすみ、またバリバリ食べてしまう。
ということでおかわりをせがまれてしまうのです……2枚作るといいかもしれませんね。

キャベツメンチ

私の中では母の味の代表選手です。じつはメンチカツって子供のころ苦手でした。
ヘビーなお肉と油で、あまり好んで食べたいと思えなかったのですが、
このキャベツがたっぷり入ったメンチカツを母が考えて、イメージがガラッと
180度変わりました。具の半分がキャベツだからさっぱりしていて軽い！
さらに、揚げものがおいしく食べられる薬膳ソースに出会ってからは
「このソースがないと揚げものが食べられない」と思うほど我が家には欠かせないものです。

たまに作る揚げものなので
体のことも考えて紅花油やコーン油を
ケチケチせずにたっぷり使います。
サクッと揚がったキャベツメンチには
鎌倉の三留商店の「薬膳ソース」を
これまた、たっぷりかけていただきます。
揚げものの脂っこさを
10数種類のスパイスがやわらげてくれるので。
あまりのおいしさに、
ついついおかわりしてしまいそう。
添加物が入っていないところも気に入っています。

材料（4人分）

たね
- 牛ひき肉・・・・・・・・・・250g
- キャベツ・・・・・・大きい葉4〜5枚
- 玉ねぎ・・・・・・・・・・・1/2個
- 溶き卵・・・・・・・・・・・1個分
- パン粉・・・・・・・・・・1/2カップ
- 塩・こしょう・・・・・・各小さじ1/2

フライごろも
- 小麦粉・・・・・・・・・・・・適宜
- 溶き卵・・・・・・・・・・・1個分
- パン粉・・・・・・・・・・・・適宜

揚げ油・・・・・・・・・・・・・適宜
中濃ソース・・・・・・・・・・・適宜

作り方

1 キャベツは太めのせん切りにする。玉ねぎはみじん切りにする。

2 ボウルにひき肉と1の材料、溶き卵、パン粉、塩、こしょうを入れて、手でつかむようにして、粘りが出るまでよく混ぜ合わせる。

3 2を4等分にし、両手で投げ合うようにして、たねの中の空気を抜き小判型に丸め形を整える。

4 3にフライごろもを順につける。

5 鍋に揚げ油を入れて中温(170度)に熱し、4を入れ、中火で5〜6分ゆっくり揚げる。

6 きつね色になったら強火にし、最後は高温(180度)にして油ぎれよく揚げる。

7 中濃ソースをかけて食べる。

Cabbage Beef Croquettes

マカロニグラタン

材料(2人分)
マカロニ・・・・・・・・・・・・・100g
えび(殻をむいたもの)・・・・・・100g
マッシュルーム・・・・・・・・・6個
玉ねぎ・・・・・・・・・・・・・½個
バター・・・・・・・・・大さじ3強
オリーブオイル・・・・・・・・大さじ1
小麦粉・・・・・・・・・大さじ1½〜2
牛乳・・・・・・・・・・1½〜2カップ
パルミジャーノ・レッジャーノ・大さじ3〜4
塩・こしょう・・・・・・・・・・各少々

Baked Macaroni

マカロニグラタンには、
パルミジャーノ・レッジャーノを
たっぷり使います。
いつもかたまりのまま購入し、
ガラスの容器いっぱいにすりおろしておくととても便利。

作り方

1 マカロニは塩少々(分量外)を入れた熱湯で、堅めにゆでる。

2 えびは背ワタをとり、マッシュルームは4つ割りにし、玉ねぎは1cm角に切る。

3 鍋にバター大さじ2とオリーブオイルを入れて熱し、玉ねぎを透き通るまで中火で炒める。

4 さらにゆでたマカロニを入れて炒め、小麦粉を全体にふり、焦がさないようにし、塩、こしょうをふる。

5 4に牛乳を加えて手早く混ぜ、溶きのばしながら、とろみがつくまで中火で煮て火を止める。

6 フライパンを熱してバター大さじ1を入れ、えびとマッシュルームを軽く炒める。これを5のマカロニの鍋に加えて混ぜ合わせる。

7 グラタン皿の内側に薄くバターをぬり、6を入れて粉チーズをふり、200度のオーブンで焼き目がつくまで焼く。

冷蔵庫の中に必ず常備している
カルピス無塩バター。
カルピス40本から1個しかできない
とても貴重なものらしいです。
フランスのバターの味にいちばん近く、
フランス料理の絶妙なおいしさを引き出す
秘伝の隠し味として、
一流シェフたちに欠かせない存在とか。
あっさりしているから、
シンプルなグラタンとの相性も抜群です。

これ、作りながら「ほんとだ〜面白い」と思わず笑みを浮かべてしまうグラタン。
〝気づいたら〟ホワイトソースができているから驚きです。
本当に簡単なので作ってみてください。パン粉は使わず、
パルメザンチーズをたくさんふりかけて、こんがりと焼き目をつけるのが有元流。
仕事で忙しい母も、こうしていかにおいしい手抜きができるかというのを
日々楽しみながら考えていたんだなと思うと、料理って楽しいんだなーと改めて感じます。

牛すねサラダ

牛すねサラダを作るにはスープづくりから始めます。

牛すね肉のスープ

材料（作りやすい分量）
牛すね肉・・・・・・・・・・・・・・・800g
水・・・・・・・・・材料がかぶるくらい
しょうがの輪切り・・・・・・・・1かけ分
長ねぎの青い部分・・・・・・・・・1本分

作り方
1 圧力鍋に材料を全部入れてふたをし、強火で加熱する。圧力がかかったのを確認したら、弱火にして16分煮る。火を止めてそのままさます。
2 別鍋にざるをのせ、その上に水でぬらし固く絞ったさらしをのせる。そこに1を流し込んでこし、スープをとる。牛肉とスープは別々に保存する。
★ここではヘイワ圧力鍋を使用していますが、圧力鍋によって煮込む時間などが違うので、手持ちの圧力鍋の説明書に従ってください。普通の鍋の場合は2時間程度煮込みます。

材料（4人分）
牛すね肉（スープをとったもの）・・・・400g
キャベツ・・・・・・・・・・・・・4〜5枚
セロリ（茎部分）・・・・・・・・・・・1本
A おろしにんにく・・・・・・・・・½片分
　粒マスタード・・・・・・・・・大さじ1
　しょうゆ・・・・・・・・・・・大さじ2
　酢・・・・・・・・・・・・・・大さじ3
　オリーブオイル・・・・・・・・大さじ3
　塩・こしょう・・・・・・・・・・各少々
塩・・・・・・・・・・・・・・・小さじ½
イタリアンパセリ・・・・・・・・・・適宜

作り方
1 牛すね肉はほぐしておく。
2 キャベツは4cm角に切り、冷水に放してパリッとさせてから、たっぷりの熱湯でサッとゆでて水けを絞る。
3 セロリは斜めに薄くスライスして塩でもみ、軽く洗って絞る。
4 Aの材料をボウルに合わせ、1〜3を加えてざっくり混ぜ合わせる。
5 器に盛り、イタリアンパセリの葉を散らす。

お肉料理には
よくマスタードを合わせます。
さっぱりと仕上がって
臭みもとれるから、
牛すねサラダには
粒マスタードがおいしい。
アメリカのよりフランスの
マスタードが合うかな？

母のアシスタントをしていた時に
野菜は氷水に入れて
パリッとさせてからゆでると
パリパリ感が残るし、
きれいな緑色が保てることを
教えてもらいました。

Sliced Beef Shank Salad

牛すね肉のスープを作る時には、スープはポトフに、肉はサラダへと変身させます。やわらかく煮込んだすね肉は小さいころから大好きでした。脂ののった部分よりもあっさりしてて、コクもある。そんなすね肉を使って野菜と一緒にマスタード風味のドレッシングとあえたサラダはお酒のおつまみにもよく合います。

香港屋台のごちそうお粥

母の作る「お粥」といえばコレ。夜ごはんによく登場していました。

鶏の旨みが出ているお粥(これだけでもおいしい!)にトッピングを2〜3品作って、

香菜をわさっと盛っていただきます。私は夏バテ気味な暑い夏の日や

胃が疲れ気味の時、あとは「お米が足りない!」と非常事態になった時によく作ります。

中華鍋で作る卵のジュワッ! という音やにんにくの香りで

食べる前にたちまち元気になってしまいます。

だしをとった後の昆布を再利用した酢じょうゆ漬けも、お粥ととても合いますよ。

Hong Kong Street-Style Porridge

香港屋台のお粥

材料 (2人分)
米・・・・・・・・・・・・・・・½カップ
鶏胸肉・・・・・・・・・・・・・100g
水・・・・・・・・・・・・・4カップ強
塩・・・・・・・・・・・・・・・・少々
薬味
　長ねぎ・・・・・・・・・・・・10cm
　しょうが・・・・・・・・・・・1かけ
　貝割れ・・・・・・・・・・・1パック
　香菜・・・・・・・・・・・・・適宜

作り方
1 米はざるに入れて流水にあて、手でこすり合わせるようにしてとぐ。水けをきり鍋に入れる。
2 さらに、一口大に切った鶏肉を入れ、水を加えて中火にかける。
3 煮立ってきたら、アクをすくいとり、弱火にしてコトコト、少しとろっとするまで煮る。
4 塩を加えて、2〜3分煮て仕上げる。
5 薬味の長ねぎ、しょうがはせん切りにし、貝割れは根元を切り、香菜はちぎる。
6 器にお粥を盛り、薬味を添える。

お粥に合う 豚肉とザーサイの炒めもの

作り方 (材料は2人分)
1 豚薄切り肉100gは2〜3cm幅に切り、しょうがの絞り汁・酒各小さじ1としょうゆ小さじ½で下味をつけておく。
2 ザーサイ½個は洗って水けをふきとり、薄く切る。
3 中華鍋を強火で熱してごま油大さじ1を入れ、豚肉を色が変わるまで炒める。さらにザーサイ、豆板醤小さじ½を加えて炒め合わせる。
4 酒と酢各小さじ1をふり、強火にして汁けをとばすように炒める。
5 お粥に薬味とともにのせて食べる。

お粥に合う 卵とにらの炒めもの

作り方 (材料は2人分)
1 卵2個は割りほぐし、適量の塩を加えて混ぜる。にら½束は4〜5cm長さに切る。
2 中華鍋を強火で熱し、菜種油大さじ3を入れる。卵を一度に流し入れ、大きくかき混ぜながら半熟状にして取り出す。
3 同じ鍋に菜種油を少し入れてにらを炒め、酒大さじ½、塩、こしょうをふって調味し、取り出しておいた卵を戻して混ぜ合わせる。
4 お粥に薬味とともにのせて食べる。

お粥に合う だし昆布の酢じょうゆ漬け

材料
作り方 (材料は2人分)
1 だしをとったあとの昆布20cm、長ねぎ½本、しょうが大1かけは、それぞれ4〜5cm長さのせん切りにする。
2 ごま油大さじ1、酢・しょうゆ各大さじ1⅓、豆板醤少々を合わせ、1を入れて混ぜ合わせる。

実家には普通のコンロのほかに、
なぜか中華料理店で使うコンロもあって
そこで、母が中華料理を作ってくれました。
アツアツの中華鍋に材料を入れた瞬間の
ジュワッという音を聞くと
食欲がわいてきます。
やっぱり中華鍋は鉄でしょ。
ずっと使えるし、壊れることがないから。
使い終わったら、熱いうちにお湯で洗って
カラ焼きしてから片づけましょう。

母から伝授してもらった
だし昆布の酢じょうゆ漬けは
私の好きなものが
いっぱい詰まった味。
常備菜として冷蔵庫にいつも
入れてあって、
白いごはんとの相性も抜群。
食欲をそそる味です。

簡単ねぎワンタン

材料（4人分）

- ワンタンの皮・・・・・・・・・40〜60枚
- A 豚ひき肉・・・・・・・・・・200g
-   長ねぎ・・・・・・・・・・・10cm
-   しょうが・・・・・・・・・・2かけ
-   ごま油・・・・・・・・・・・小さじ2
-   塩・しょうゆ・・・・・・・・各小さじ2/3
-   こしょう・・・・・・・・・・少々
- ごま油・・・・・・・・・・・・大さじ4
- 酢・・・・・・・・・・・・・・適宜
- しょうゆ・・・・・・・・・・・適宜
- ラー油・・・・・・・・・・・・適宜
- こしょう・・・・・・・・・・・少々
- 長ねぎ・・・・・・・・・・・・5cm
- 香菜・・・・・・・・・・・・・適宜

作り方

1 長ねぎ5cmはせん切りにし、水にさらしてパリッとさせて水けをきる。

2 Aの材料で具を作る。長ねぎ、しょうがはみじん切りにしてボウルに入れ、ひき肉、調味料と合わせて粘りが出るまでよく練り混ぜる。

3 ワンタンの皮に2の具をのせて包む。

4 鍋にたっぷりの湯を沸かし、ワンタンを1つずつ入れ、浮き上がって少したったらすくいとり皿に盛る。

5 1のしらがねぎをのせ、熱したごま油をかけて、ちぎった香菜をのせる。

6 酢、しょうゆ、ラー油、こしょうを好みの量ずつかけて食べる。

Foolproof Wonton

ワンタンは小さいころから大好きで
週に4回でもいいよねというほど。
小麦の味とプルンとした食感、
豚のひき肉もすごく好き。
普通にワンタンを包むと、三角形ですが、
うちのワンタンはひと口サイズの大きさ。
ゆでやすいし、食べやすいし、
おまけに具で皮をくっつけるから水いらずです。

母も愛用の小野田製油所の「玉締ごま油」は、
小さなごまのひと粒ひと粒をていねいに
焙煎し、圧搾して作られているので、
とても香りのいいごま油です。
料理の仕上げに垂らすと風味づけになります。

子供のころ、外食する時はよく中華料理屋さんへ行っていました。

おいしいと言われるお店へ出かけたり、中華街まで足を運んで食べに行ったり。

そんな影響もあってか、自分でもよく作るようになりました。そんなたいそうなレシピは

まだまだ作れないけど、ウチで頻繁に登場する超簡単レシピはこのねぎワンタン。

私の場合、「ギョウザが食べたいけど、作る時間がないな」という時は悩まずコレにします。

具を包むのもあっという間ですし、ゆで時間も1分程度。

簡単なので、薬味のねぎにアツアツのごま油をジュッとかけるひと手間は惜しまずにね。

鶏のフォー

ベトナムへしょっちゅう旅をしていた母は食材や食器、雑貨などを山のように買い揃えて、とても楽しそうに帰ってきていました。インテリアは食器やすてきなデザインのカゴなどでディスプレイされて、家にいながらベトナムにいる気分になれる、そんな時期もありました。
帰国後の毎日のごはんはベトナム料理！　これがまたおいしかったな。
なかでもフォーは一番好きです。何杯でも食べられます。子供たちにとってはナンプラーや香菜などのクセのある味だから大丈夫かなと思いつつも、大の麺好きのおかげなのか、何のためらいもなくモリモリ食べています。逆にすごいなぁ〜と感心してしまいます……。

材料（2人分）
フォー・・・・・・・・・・・・・150g
鶏肉（スープをとったもの）・・・・・100g
鶏のスープ・・・・・・・・・・・4カップ
ナンプラー・・・・・・・・・・・大さじ2
塩・こしょう・・・・・・・・・・・各少々
香菜・ミント・バジル・・・・・・・各適宜
赤唐辛子・・・・・・・・・・・・・1本
すだち・・・・・・・・・・・・・・1/2個

作り方
1 フォーは水につけてもどし、水けをきる。
2 鶏肉はほぐしておく。
3 鍋に鶏のスープを煮立て、ナンプラー、塩、こしょうで調味する。別の鍋で、もどしたフォーを熱湯にさっとくぐらせる。
4 器に3のフォーを入れ、熱くした鶏スープをかける。ほぐした鶏、香菜、ミント、バジルの葉をのせ、すだちをしぼって食べる。好みで刻んだ赤唐辛子をかける。

鶏のスープストックがあると、
いざというときに重宝します。
鍋に水7〜8カップと昆布20cmを入れ、
このまま1〜2時間置いてから昆布をとり、
鶏骨つきぶつ切り肉500g、
長ねぎの青い部分2〜3本分、
薄切りにしたしょうが1かけ分を加え、強火にかけます。
煮立ったらアクをとり弱火にして、
スープが鍋の2/3量になるまで1時間半煮込みます。
スープをこしたらできあがり。
鶏ガラスープよりも
スープストックのほうがおいしいのでぜひ。

ベトナムやタイのフォーの
パッケージを見つけると
すぐに試したくなります。
今まで食べた中からおすすめするなら
ネットショップ
メコンフーズの「センレック」。
ここの香菜は安くて野性的な味。

Chicken Pho Noodle Soup

玄米みそ焼きおにぎり

玄米は小さいころからよく食べているので、今でも大好物です。のり巻き、お漬けものと一緒に、お茶漬けに、焦がししょうゆチャーハンなどなど。食べると体の中からキレイにクリアになると実感できます。炊飯器で炊くこともできますが、やはり圧力鍋とカムカム鍋で炊くとおいしさが全然違うんです。ウチの子供も玄米が苦手で食べたがらなかったのですが、圧力鍋で炊き始めてからは不思議と何も文句を言わずに食べているので内心「やった！」と思っています。今回は火鉢を使ってみそ焼きおにぎりに。近所の子供たちも一緒にあっという間にたいらげました。

オーサワジャパンのカムカム鍋は
母が、昔から使っていて……。
こんなのあるんだと気づいたのは2〜3年前。
圧力鍋の中にカムカム鍋をセットして使います。
これで炊く玄米のもちもち感はすごいです。
子供たちも玄米好きになりました。

常備しているみそは2〜3種類。
料理によって使い分けますが、
やっぱり手作りはおいしい。妹のとお義母さんのと、
みんな味がちょっとずつ違うんだけど、
なんでこんなにおいしいんだろう!?
手作りみそにも挑戦したいな。

カムカム鍋を使った玄米の炊き方

材料（4人分）
玄米・・・・・・・・・・・・・・・・・3合
水・・・・・・・・・・・・・・・・・540㎖
みそ・・・・・・・・・・・・・・・・・適宜

作り方
1 カムカム鍋に洗った玄米を入れ、水を注いでふたをする。これを圧力鍋にセットし、カムカム鍋の高さの半分まで水を注ぎ、圧力鍋のふたをする。
2 1を火にかけ、初めは強火で、圧力がかかり始めて2〜3分たったら、弱火にして50〜60分加圧する。
3 火を止め、圧力が下がるまでそのまま置き、ふたを開けて炊き上がりをほぐす。
4 茶碗1杯分で玄米おにぎりを作り、みそをぬって焼く。

圧力鍋を使った玄米の炊き方

材料（4人分）
玄米・・・・・・・・・・・・・・・・・3合
水・・・・・・・・・・・・・・・・・720㎖
みそ・・・・・・・・・・・・・・・・・適宜

作り方
1 圧力鍋に洗った玄米を入れ、水を注いで1〜2時間浸水させてからふたをする。
2 1を火にかけ、初めは強火で、圧力がかかり始めて2〜3分たったら弱火にして20〜25分加圧する。
3 火を止めて5分ほど置き、ふたに水をかけて冷やす。20分ほど置いて蒸らし、ふたを開けて炊き上がりをほぐす。
4 茶碗1杯分で玄米おにぎりを作り、みそをぬって焼く。

Grilled Brown Rice Balls with Miso

ひじきの煮ものを使って……

ひじきの煮ものはおばあちゃんから、
母へ受け継がれた常備菜。
冷蔵庫の中にはいつも入っていて……。
私にとってもおふくろの味です。

芽ひじきより
歯ごたえがいいから。
長ひじきがおすすめ。

ひじきの煮もののストックづくりから始めます。

ひじきの煮もの

材料（作りやすい分量）
ひじき（乾燥）・・・・・・・・・・40g
油揚げ・・・・・・・・・・・・・・1枚
しょうが（薄切り）・・・・・・・2〜3枚
ごま油・・・・・・・・・・・・大さじ2
Aみりん・・・・・・・・・・・大さじ4
　酒・・・・・・・・・・・・・大さじ2
　しょうゆ・・・・・・・・・・大さじ4
酢・・・・・・・・・・・・・・大さじ1

作り方
1 ひじきは洗ってから水に浸してもどす。長いものは5〜6cmに切り、水けをきる。
2 油揚げは熱湯をかけて油抜きし、細切りにする。しょうがはせん切りにする。
3 鍋にごま油を中火で熱し、ひじきとしょうがを炒める。
4 油揚げを加えてさらに炒め、Aを入れて調味する。汁けがなくなるまで炒り煮にする。できあがり直前に酢をふりかける。

Braised Hijiki

ひじき卵

材料（4人分）
ひじき煮・・・・・・・・・・1カップ強
卵・・・・・・・・・・・・・・・3個
塩・・・・・・・・・・・・・ひとつまみ
酒・・・・・・・・・・・・・・小さじ1
菜種油・・・・・・・・・・・・大さじ2

作り方
1 卵は割りほぐし、塩と酒を入れて混ぜる。
2 中華鍋を強火で熱して菜種油を入れ、1の卵を軽く混ぜながら半熟状に炒める。
3 ひじき煮を加えて軽く混ぜ合わせる。

ひじきごはん

材料（4人分）
ごはん・・・・・・・・・・・茶碗4杯分
ひじき煮・・・・・・・・・・1カップ弱
絹さや・・・・・・・・・・・・・適宜
ごま・・・・・・・・・・・・・・適宜

作り方
1 絹さやは塩（分量外）少々を入れた湯でサッとゆでて、太めのせん切りにしておく。
2 ごはんとひじき煮を混ぜ合わせて器に盛り、絹さやとごまを散らす。

私にとっては"留守番時の常備菜"とでもいいましょうか。母がしばらく家を留守にする時に、いつもたくさん作っていました。案外、これとごはんで十分だったりします。
納豆とひじき煮を混ぜたものを、ごはんと一緒に食べてもすごくおいしいです。
今でも、たまに実家へ行った時や母がうちに来る時などおみやげとしてもらいます。
そしていつも、「何だろう……何かが違う。おいしい」と思うのです。こういう何気ないものに、味の差を感じます。シンプルなだけに、極めるには作り続けるしかないということなのね。

きんぴらごぼうを使って……

きんぴらごぼうも
ひじきの煮ものと並んで
冷蔵庫の中にいつも入っていた一品。
実家に帰ったときに、
母がいつもおみやげに持たせてくれる。

きんぴらごぼうのストックづくりから始めます。

きんぴらごぼう

材料（作りやすい分量）
ごぼう・・・・・・・・・・・・・・・1本
にんじん・・・・・・・・・・・・・小1本
菜種油・・・・・・・・・・・・・大さじ1
ごま油・・・・・・・・・・・・・大さじ1
Aみりん・・・・・・・・・・・・大さじ3
　酒・・・・・・・・・・・・・・大さじ2
　しょうゆ・・・・・・・・・・・大さじ3

作り方
1 ごぼうとにんじんは5cm長さの細切りにする。ごぼうは酢水につけてアクを抜き、水けをきる。
2 鍋に菜種油とごま油を中火で熱し、ごぼうを炒めて油がまわったらにんじんを入れて炒める。
3 Aを加え、汁けがなくなるまで炒り煮にする。

Burdock root Kinpira

きんぴらごぼうの肉巻き

材料（4人分）
豚肩薄切り肉・・・・・・・・・・・8枚
きんぴらごぼう・・・・・・・・・1カップ
片栗粉・・・・・・・・・・・・・・適宜
しょうゆ・酒・みりん・・・・・各大さじ1
菜種油・・・・・・・・・・・・大さじ2/3

作り方
1 豚肉にきんぴらをのせ、端から巻く。全体に薄く片栗粉をふっておく。
2 フライパンに菜種油を熱し、肉の巻き終わりが下になるようにして並べ、転がしながら焼く。
3 しょうゆ、酒、みりんをふり、味をからめて仕上げる。

きんぴらごぼうののり巻き

材料
ごはん・・・・・・・・・・・・・・適宜
きんぴらごぼう・・・・・・・・・・適宜
手巻きずし用焼きのり・・・・・・・適宜

作り方
焼きのりの上にごはんをのせ、芯にきんぴらをのせて軽く巻いて食べる。ごはんやきんぴらの量は好みのバランスで。

みりんの種類が違うだけで
お料理の味とつや感が
まったくというほど違います。
定番の基本調味料として
「三河みりん」は欠かせません。

根菜のなかでも特に好きなのがごぼう。シャキシャキと歯ごたえもしっかりあって、土そのものの味が好きなんです。3歳くらいのころ、庭で土遊びをしていたとき「どんな味がするんだろう……」と食べていたのを覚えています。もちろん母に目撃されてとても怒られましたが……でも「けっこうおいしいじゃん」とか思っていました。うちの子たちはごぼうを食べると「うえ～土の味がする～」と言ってあまり好きではないご様子。だけど、きんぴらにすると作ってるそばからたちまちつまみ食いが始まり、きんぴら兄妹に変身！ ごはんが始まるころにはだいぶ少なくなっているのです。

いちごのシロップを使ったデザート2品

いちごのシロップづくりから始めます。

いちごのシロップ

材料（作りやすい分量）
いちご・・・・・・・・・・・・・800g～1kg
グラニュー糖・・・・・・・・・・・・1kg
酒石酸（クレームタータ）・・・・大さじ1½

作り方
1 いちごは洗ってヘタをとっておく。
2 深めのガラス容器（あるいは瓶）にグラニュー糖、酒石酸、水を3½カップ入れてよく混ぜ、いちごを入れる。
3 いちごが浮いてこないようにラップをして皿をのせ、軽めの重しをする。
4 1日に2～3回、砂糖がよく溶けるように木じゃくしで混ぜる。3～4日たつと水がいちご色になり、いちごそのものの色は抜けてくる。
5 4をガーゼでこし、シロップは保存瓶に詰め、瓶ごとお湯に入れて煮沸し、熱湯消毒する。いちごは別の容器に入れる。
6 5のシロップがさめてから冷蔵庫で保存する。
★ 酒石酸は製菓材料店で入手可。
★ いちごは冷蔵庫で1週間保存できる。

甘酸っぱい香りがキッチンに広がると
幸せな気分に。
安くて新鮮な露地ものや小さいいちごからでも
十分おいしいエキスがとれます。
もちろん大きくてもOK。
できるだけ春先のいちごを使ってくださいね。
3日漬けるとできあがります。

Strawberry Syrup

いちごミルク

作り方
シロップ1に対し牛乳2の割合で混ぜ合わせる。
好みでいちごを適宜加える。

いちごアイス

作り方
シロップ1に対し水2の割合でシロップを薄め、アイスキャンディー型に入れて冷凍庫で凍らせる。目安は一晩くらい。

春に出る露地もののいちごで仕込んでおいて、夏までちびちびと楽しめる
有元家いちごジュースの素。ミルクで割ったいちご・オ・レは子供たちのおやつに。
自分たちで作らせるとシロップの赤とミルクの白が、マーブル模様に混ざっていく様子が
楽しいみたい。水で割ってやや濃いめのジュースを凍らせたアイスキャンディーは
夏休みのお楽しみ。私も夏休みのころ1日に何本も食べて舌が真っ赤に染まった記憶が……。
ぶどうジュースと同じように、ソーダ水で割ったいちごスカッシュもおいしいんだよね。

グレープシロップを使ったデザート2品

夏になると、ぶどう色に染まった袋が登場します。それは砂糖と一緒に煮たぶどうを

こすための袋。だしと同じで絞るとにごってしまいます。

だからこしている間は、焦らずゆっくり自然に落ちるのをじーーーっと見ながら待つ。

子供のころは、「できあがったらソーダで飲もう！」とか

「自分がミクロな人間になってこのジュースの中に入ったら、どうなるんだろう……。

飲んでも飲んでも減らなくて一生楽しめるなぁ」とか想像しながら待つのが楽しかった。

むかしの私はお気に入りのデニムスカートしかはかない子で、

洗濯して干してる間もじーーっと、何時間も乾くのを見ながら待っていたらしい。

どうやら待ち好き？　焦らない、マイペースって言われるのは、ここが原点なのかも。

ぶどうのエキスが自然に落ちるのを
じーっと眺めていると
食べたいお菓子のレシピが浮かんできます。

Grape Syrup

グレープシロップづくりから始めます。
グレープシロップ

材料（作りやすい分量）
黒ぶどう（巨峰、ベリーA、キャンベルなど）
・・・・・・・・・・・・・・・・・・・・1kg
グラニュー糖・・・・・・・・・・・・・適宜

作り方
1 ぶどうは洗って1粒ずつに分け、中くらいのホウロウかステンレスの鍋に入れる。
2 ぶどう1粒分が水面から出るくらいの分量の水を加えて中火にかける。
3 皮がはじけ、皮と身がバラバラになるくらいまで煮たら、布袋に入れてこす。
4 鍋にこした3の液1カップに対して½カップのグラニュー糖を入れ、火にかけて煮溶かす。
5 粗熱がとれたら保存瓶に詰め、瓶ごとお湯に入れて煮沸し、熱湯消毒する。
6 さめてから冷蔵庫で保存する。

グレープゼリー

材料（4人分）
グレープシロップ・・・・・・・・・125ml
レモン汁・・・・・・・・・・・・・½個分
白ワイン・・・・・・・・・・・・・125ml
粉ゼラチン・・・・・・・・・・・1袋（5g）
生クリーム・・・・・・・・・・・・½カップ
砂糖・・・・・・・・・・・・・・・小さじ½
ミントの葉・・・・・・・・・・・・・適宜

作り方
1 ゼラチンは水大さじ3でふやかし、電子レンジで1分加熱して溶かす。
2 鍋にグレープシロップ、レモン汁、白ワインを合わせて人肌くらいに温める。1を加えて泡立てないように混ぜ合わせる。
3 さめたら型に流し、冷蔵庫で冷やし固める。
4 生クリームに砂糖を加え、軽く泡立ててゼリーにのせ、ミントの葉を添える。
★ゼラチンはふやかさなくてもよいものもあるので製品表示に従って。

グレープソーダ

作り方
グラスにグレープシロップと炭酸水を1：2の割合を目安にして入れ、氷適宜、レモン汁少々を加えて混ぜ合わせる。

夏の暑い日差しの中で飲む
グレープソーダの
シュワシュワ感がたまらなく好き。
炭酸は強めをたっぷり注いで、
サイダーで割っても
おいしいよ。

りんごジャム

りんごを煮る香りは私にとって思い出の香りであり、一番癒される香りです。
何でかはわからないけど、「幸せ」を感じるのです。何でだろうと改めて考えてみました。
答は土曜日の授業とおやつ。小学校のころ、土曜日は授業が3時限で終わり。
これだけでも幸せと思ってたんだけど、毎週恒例の「土曜日の手作りおやつ」が
待っていたんです。家に帰るとりんごを煮る香りが部屋いっぱいに広がっていました……。
そこに、ダブルの幸せがあったからなのね。

材料（作りやすい分量）
- 紅玉りんご・・・・・・・・・・・・・4〜5個
- 甜菜糖・・・・・・・・・・・・・1カップ
- レモン汁・・・・・・・・・・・・・1/4カップ
- シナモンスティック・・・・・・・・・1本

作り方
1 りんごはよく洗い、芯をとって皮ごと一口大くらいに切る。
2 ホウロウ鍋に切ったりんご、甜菜糖、レモン汁、シナモンスティックを入れて中火にかける。
3 水分が出てきたら弱火にして、沸騰しないように静かに煮る。
4 水分がとんでとろみが出てきたら火を止めてさまし、煮沸消毒した保存瓶に入れて保存する。

Apple Jam *

りんごの出まわる季節になると
作りたくなるのが
ホウロウ鍋でコトコト煮込むりんごジャム。
「ちっちゃい時によく作ってくれたな〜」とか
思い出しながら手を動かします。
レモンなど酸性のものを入れる時は
ホウロウ鍋を使ってくださいね。

あんずジャム

元々はおせち料理の箸休めだったのですが、たぶん子供のころの私たちは
よく食べたのでしょう……。あまりの人気に常備スイーツとして昇格しました。
私が中学生のころ、放課後お腹がすいてすいてどうしようもない時、
こんな感じでトーストにピーナッツバターとあんずをのせたおやつを
ごはん前なのに2〜3枚はペロリと食べてしまうほど大好きでした。
今では、子供たちが同じように食べています。

材料（作りやすい分量）
ドライあんず・・・・・・・・・・・・・500g
甜菜糖・・・・・・・・・・・・・100〜150g

作り方
1 ホウロウ鍋にドライあんずと甜菜糖を入れ、ひたひたの水を入れて中火にかける。
2 沸騰しないように静かに煮る。あんずがやわらかくなったら火を止めてさまし、煮沸消毒した保存瓶に入れて保存する。

Apricot Jam

昔から大好きなピーナッツバター。
小さいころのおやつは
甘いピーナッツバターでしたが、
あんずジャムと一緒に食べるなら
シュガーレスがおすすめ。
油の少ないナチュラルなものを選んで。

カスタードプディング

材料（4人分）
- 卵・・・・・・・・・・・・・・・5個
- 牛乳・・・・・・・・・・・・1½カップ
- 砂糖・・・・・・・・・・・・・⅔カップ
- ラム酒・・・・・・・・・・・・大さじ2
- A グラニュー糖・・・・・・・・1カップ
- 　水・・・・・・・・・⅓＋½カップ
- プルーン（乾）・・・・・・・・370g
- B 赤ワイン・・・・・・・・3½カップ
- 　グラニュー糖・・・・・・大さじ3〜4
- 　シナモンスティック・・・・・・1本
- C 生クリーム・・・・・・・・1カップ
- 　砂糖・・・・・・・・・・・大さじ1

作り方

1 ボウルに卵を割りほぐし、砂糖を加える。さらに温めた牛乳を少しずつ加えながら泡立て器でよく混ぜ合わせ、ラム酒を入れる。

2 鍋にグラニュー糖と水⅓カップを入れて強火にかけ、ぶくぶくと沸騰して茶色くなってきたら火を止める。さらに残りの水½カップを少しずつ入れながら鍋をゆすり、固さを見ながらカラメルを作る。

3 耐熱容器に薄く食塩不使用バター（分量外）をぬり、さらに1をこしながら注ぎ入れる。

4 バットにお湯を張って3をのせ、160度のオーブンで50分焼く。

5 鍋にBの材料とプルーンを入れて2時間以上置き、中火で20分煮て、さましておく。

6 ボウルにCの材料を入れ、底に氷水をあててとろりとするまで泡立てる。

7 焼き上がったプリンにカラメルを流す。器に盛って5のプルーンと6の生クリームを添える。

Caramel Custard

ラムコーク好きの夫のために
「マイヤーズラム」を
ボトル買いしています。
1本あると
お料理やお菓子にも使えて
何かと便利です。

焦がしカラメルを作るときは、
アツアツのお砂糖の中に水を入れるので、
気をつけながら、少しずつ。少しずつ。

Pudding

母のプリンが大好きで、これはもう不動のデザートですね。
しっかりと固めに焼いてあって、カラメルもしっかりと苦い。子供用でも、
ラム酒もしっかり投入！　というのがポイント。おもてなしの定番でもあります。
いろいろな著書にこれが登場していますので、それだけ母もすごく気に入っているのでは
ないでしょうか。ホイップクリームとプルーンのワイン煮がウチ風。
バリエーションで、ちぎったパン、みかん、オレンジ、あんずの甘煮を入れたり……。

ウィンナロールとホットココア

姉や妹もたぶん「懐かしい！」と叫んでしまうかも。小学生時代の朝ごはんの人気メニュー。何てことない一品ですが、1人5〜6本は食べてしまうおいしさ。焼き上がったアツアツのアルミホイルをペリペリとはがす楽しさ。朝は時間がないけど楽しく食べさせたい、という思いがとっても伝わってきます。自分が母になった今、朝の忙しさを理由にこういう楽しさを忘れてしまいがちだな、と反省する時にウィンナロールと甘いココアが頭の中にやってきて「そんな時はこれを作ってみて！」と言ってくれる……気がします。

Sausage Rolls and Hot

ホットココアには
お砂糖を入れて
ちょっと甘めにします。
このココアはフェアトレードのもの。
生産者を応援できるので
積極的に取り入れていきたいです。

材料（4個分）
サンドイッチ用食パン・・・・・・・・4枚
トマトケチャップ・・・・・・・・・・適宜
粒マスタード・・・・・・・・・・・・適宜
ウィンナ・・・・・・・・・・・・・・8本

作り方
1 ウィンナはゆでておく。
2 食パンにトマトケチャップ、粒マスタードをぬり、ウィンナを2本ずつ置いてクルクルと巻き、中央部分を細めに切ったアルミホイルで包む。こうすると、食パンが広がらないし、2色の焼き色がつく。
3 トースターできつね色になるまで焼く。食べるときにアルミホイルをはがして。

Chocolate

8歳のパリ・ブレスト

材料（30cm1台分）
[シュー生地]
薄力粉・・・・・・・・・・・60g
食塩不使用バター・・・・・・55g
水・・・・・・・・・・・・・90ml
卵・・・・・・・・・・・・・3個
★これを1単位に2回作る。

[カスタードクリーム]
薄力粉・・・・・・・・・・・60g
コーンスターチ・・・・・・・15g
グラニュー糖・・・・・・・・125g
牛乳・・・・・・・・・・・・2 1/4カップ
卵黄・・・・・・・・・・・・5個分
食塩不使用バター・・・・・・大さじ1
生クリーム・・・・・・・・・1 1/2カップ
ラム酒・・・・・・・・・・・大さじ1～2

カスタードクリームの作り方

1 ボウルに薄力粉とコーンスターチを合わせてふるいにかけ、グラニュー糖を加え混ぜる。
2 さらに、人肌に温めた牛乳を少しずつ加え、そのつど泡立て器でよく混ぜ、こし器に通して大きめのステンレスのボウルに移す。
3 2を中火にかけ、生地が焦げないように絶えず混ぜながら火を通す。熱くなるので注意。
4 生地の表面がプツプツと泡が立ち始めたら、火を止めて、卵黄を加えて混ぜる。
5 再び中火にかけ、絶えず混ぜながら火を通す。生地の表面がプツプツと泡が立ち始めたら、火からおろし、すぐにバターを加えて混ぜ、ラップをぴったりかぶせてさます。
6 5の生地がさめたら、別のボウルに生クリームを入れてとろりとするまで泡立て、5の生地とラム酒を加えて混ぜ合わせる。

シュー生地の作り方

1 鍋に、1cm角くらいに切り分けたバターと水を入れて強火にかける。バターが煮立って白い泡が持ち上がってきたら、ふるった薄力粉を一気に加える。木べらで手早く、勢いよく混ぜてひとつにまとめる。
2 木べらで生地を鍋肌から離すようにしながら練り、水分をとばす。生地が鍋肌につくようになったら火を止め、手を止めずに鍋肌に薄いまくがつくまで練り混ぜる。
3 2の生地が熱いうちに、卵を1個ずつ加えて混ぜ込んでいく。卵がなじみ、なめらかになるまでよく混ぜる。
4 最後の1個の卵は溶きほぐし、2～3回に分けて少しずつ加える。混ぜるたびにそのつど生地の固さを確かめる。木べらですくうと、初めはボタッと落ちて、そのあとゆっくり落ちるようになったらできあがり。
5 同じものをもう1回作る。

生地を焼いて仕上げる

1 オーブンを200度に温める。
2 1cmの丸口金を絞り出し袋にセットし、シュー生地をすべて詰める。
3 天板にアルミホイルを敷き、2の生地を8の字を書くように絞り出す。初めは一番外側に絞り出し、その内側にもう1本絞り出すようにしながら、リングの幅が3cmくらいになるように絞り、あとは上に重ねて絞り出す。
4 3の表面に霧吹きで霧を吹きかけてから温めたオーブンに入れる。

Paris Brest,

5 生地が十分にふくらんで、持ち上がった部分も焼き色がついたら、180度に温度を下げ、全体で40～45分間焼く。
6 5の焼き上がりを網にとり、熱いうちに厚さ1/3くらいで2つに切り分け、さめたら下側のシューにカスタードと半分に切ったいちご（分量外）を詰める。シューのふたをかぶせ、粉砂糖（分量外）をふり、好みの大きさに切り分けて食べる。

My Childhood Memory

シュークリームやエクレアなどのシュー系が洋菓子の中で一番好き。

8歳の誕生日の時に、輪を2つつなげて8の字に作られたパリ・ブレストは大感激でした。

「うわ〜！ ママ、こんなに大きかったら1週間はもちそうだね」今でも忘れられない誕生日です。

娘が8歳になったらこれを作りたい！　とずっと思っていました。

でも……お菓子づくりはあまり得意でないワタシ。タイミングよく、今年は8歳。

これが人生初のシュー生地です。ポイントは躊躇せずスピーディに！

かなり上手にできたでしょ。調子にのって子供の誕生日にまた作ろうっと。

part 2

覚えていてほしい味

子供のころ、母がキッチンに立つたび、
だしの香りが漂ってきました。
手際よく動く母の手先を追いながら
料理ができあがるのを待つのが
好きでした。
おまけに"つまみぐい"が楽しくて、
今思うと、とても大切な味の勉強でした。
料理手順は母の著書をめくりながら
覚えましたが、私が作る料理は、
子供のころに見ていた風景や味や香りの
記憶がベースになっているのだと
思います。私も子供たちに食べることの
大切さとともに、手作りの味わいを
日々の暮らしの中で伝えていきたい。
そんな願いを込めて、母の味に加えて
私のオリジナルからもセレクトしました。

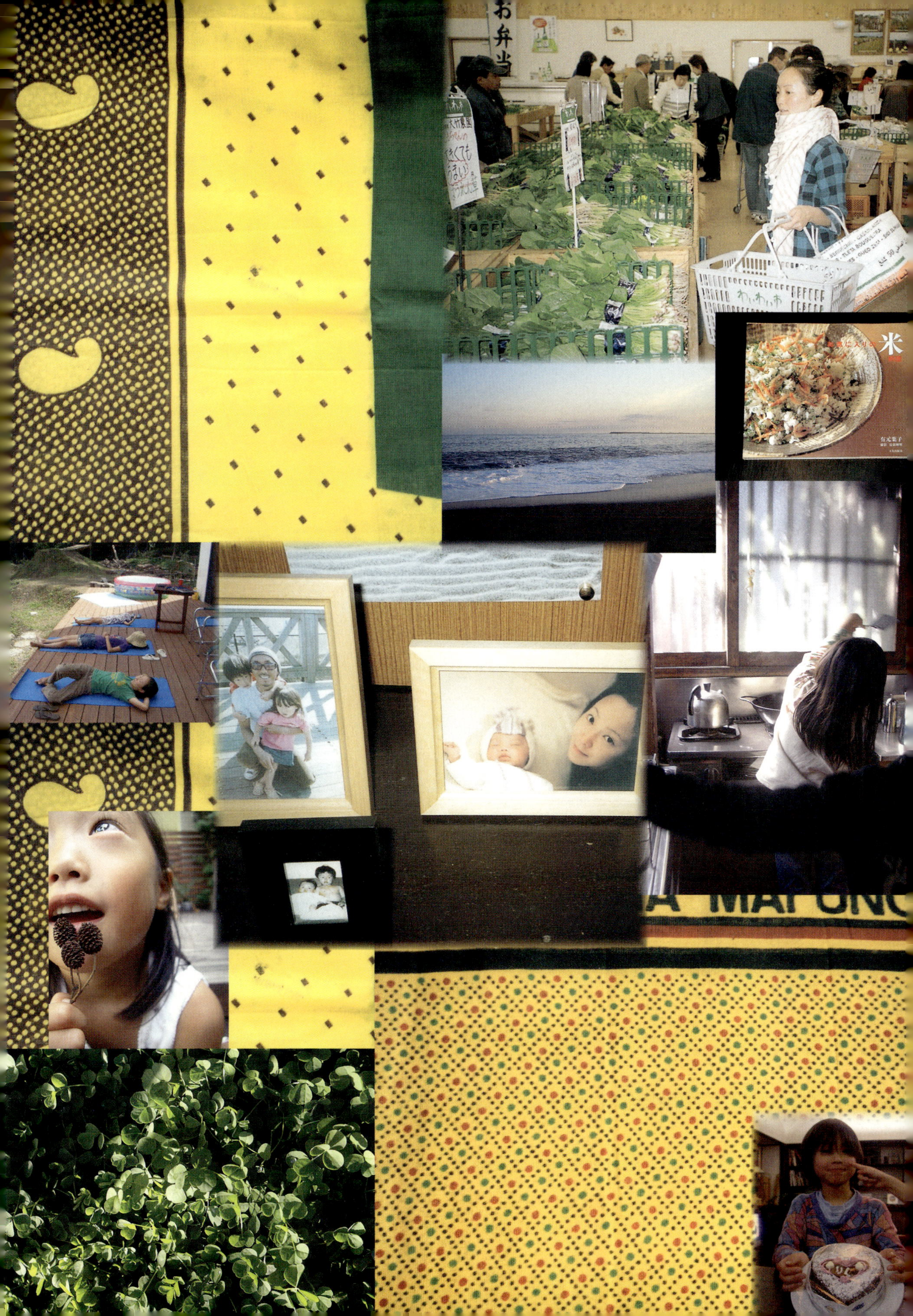
お弁当
米

白いごはんとおみそ汁、お漬けもの

白いごはん

材料（5〜6人分）
白米・・・・・・・・・・・・・・・3合
水・・・・・・・・・・・・・・600ml

★うちではごはんはごはん専用の土鍋（かまどさん）で炊きます。土鍋が新しいうちは、水は1〜2割増しで。2合以下の米を炊くときは、水の分量は1割増しを目安に。

作り方
1 ボウルに米を入れ、最初に勢いよく水を注ぎ、すばやく混ぜたら、すぐ水を捨てる。のんびりとしていると、ぬかくさい水を米が吸い、味が落ちてしまう。
2 手のひらと指で軽く円を描くように、米を押しながらとぐ。これを2回繰り返したら、水が澄んでくるまですぐ。
3 土鍋に洗った米と水を入れ、20分ほど水に浸しておく。中ぶたと上ぶたをセットし、14〜17分くらい中強火で炊く。火を止める目安は、上ぶたの穴から湯気が噴き出し始めてから約2〜3分たってから。
4 ごはんが炊き上がったら、20分くらい蒸らし、底から大きく返すようにさっくりと混ぜる。余計な蒸気がとんで、ふっくらと仕上がる。

★水の分量、加熱時間等はお手持ちの土鍋の説明書を参照してください。

ぬか漬け

作り方
1 ミニキャロット、きゅうり、セロリ、かぶ各適量は縦半分に切ってぬか床に漬ける。
2 前の晩に漬けた野菜を取り出して洗い、食べやすい大きさに切って盛り合わせる。

2〜3年前から何回も挑戦してやっと納得できる味になったぬか漬けです。ぬか床は「萬藤のいりぬか」を使っています。

じゃがいもとキャベツのみそ汁

材料（4人分）
じゃがいも・・・・・・・・・・・中2個
キャベツ・・・・・・・・・大きめの葉2枚
煮干しだし・・・・・・・・・・・4カップ
麦みそ・・・・・・・・・・・・・大さじ4

作り方
1 じゃがいもは皮をむき、薄切りにして水にさらし、水けをきっておく。キャベツは3〜4cm角に切る。
2 鍋にだし汁とじゃがいもを入れて火にかけ、じゃがいもに火が通ったら、キャベツを入れる。
3 弱火にしてからみそを溶き入れ、煮立たせずに火を止める。

藤沢にある「平野商店」の乾物屋さんには煮干しの種類がいろいろあって重宝しています。そこのご主人が選んでくれた煮干しを使った"煮干しだし"は、鍋に腹ワタをとった煮干し20尾と水4カップを入れ、このまま30分以上置いてから弱めの中火にかけます。
アクをとりながら、5分ほど静かに煮出し、煮干しを取り出せばできあがりです。

Rice, Miso Soup,

うちの夜ごはんって、この3点セットで終わりってこと結構あります(笑)。
でも、長男は「ママの料理でおみそ汁が好き」なんてうれしいこと言ってくれるし、
下の子はぬか漬け大好き娘だし、私は土鍋で炊いたごはんをおかずにごはんを食べられるほど
おいしいと思うし、みんなの好きなものが揃ってるからいいんです。ぬか漬けがなかなか
納得の味にならないと思っていた時、母のぬか床をちょっと拝見。唐辛子と生姜がたくさん！
それに鉄のボールが……!?　さっそく試してみたらちょっとずつですが近づいてきました。

and Pickled Vegetables

しそとえびの焼きギョウザ

材料（4人分）

- 豚ひき肉・・・・・・・・・・・150g
- 青じそ・・・・・・・・・・・・1束
- キャベツ・・・・・・・大きめの葉2枚
- にら・・・・・・・・・・・・・1束
- しょうが・・・・・・・・・・・1かけ
- 長ねぎ・・・・・・・・・・・・½本
- えび・・・・・・・・・・・・・5尾
- しょうゆ・ごま油・・・・・・各小さじ2
- こしょう・・・・・・・・・・・少々
- ギョウザの皮・・・・・・・・・30枚
- 菜種油・・・・・・・・・・・・適宜
- たれ（しょうゆ・酢・すりおろしにんにく・XO醤・ごま油・豆板醤）・・・・・・・各適宜

作り方

1 青じそは粗みじん、キャベツ、にら、しょうが、長ねぎはみじん切りにする。

2 えびは殻をむき背ワタと尾を取り除き、6等分に切る。

3 ボウルにひき肉と1を入れて手でよく混ぜる。さらにしょうゆ、ごま油、こしょうを入れて粘りが出るまで混ぜる。

4 ギョウザの皮に3の具をのせ、中心にえびをのせて包み込む。

5 フライパンを強火で熱し、菜種油を入れ、4のギョウザを並べる。

6 焼き色がついたら水⅓カップを入れ、すぐにふたをして中火で蒸し焼きにする。

7 水分が蒸発してきたらふたをあけ、残りの水分をとばして焼き上げる。

8 好みのたれをつけて食べる。

Pan-Fried Siso Prawn Dumplings

うちで作るギョウザの数はざっと100個以上。
とりあえず手が欲しいから、子供たちと一緒に作ります。
発想豊かな子供たちは、具を包んだベースに、
目や鼻のパーツをつけて、おかしな人形を
「なんだこれ」と笑いながら作っていたり……。
焼くと何だかわからなくなってますけど。
楽しんで作るギョウザは、やっぱりおいしいよね。

普通の焼きギョウザもすごく好きです。でもたまにこんな感じで中身を変えたりすると
子供たちも喜びます。えびのプリプリ感としそのさわやか感が食欲をさらに倍増させます。
足りないよりは余ったほうが次の日も楽なので、一度に100個以上は作ります。
もちろん子供たちも巻き添えに、ギョウザ包みのお手伝いはお約束です。
ほら、あっという間にできあがり。ウチはね、具の中ににんにくは入れずに、たれに入れます。
XO醬とかも入れて、ちょっと複雑な、コクのあるたれが定番です。

麻婆ジャージャーめん

材料（4人分）
絹ごし豆腐・・・・・・・・・・・・・1丁
豚ひき肉・・・・・・・・・・・・・100g
にんにく・・・・・・・・・・・・・・1片
しょうが・・・・・・・・・・・・・1かけ
長ねぎ・・・・・・・・・・・・・・10cm
ごま油・・・・・・・・・・・・・大さじ2
豆板醤・・・・・・・・・・・・・小さじ1/2
A しょうゆ・酒・・・・・・・・各大さじ1
　 みそ・・・・・・・・・・大さじ2〜2 1/2
　 鶏ガラスープ・・・・・・・・・2/3カップ
　 トマトケチャップ・・・・・・大さじ1 1/2
　 砂糖・・・・・・・・・・・・ひとつまみ
片栗粉・・・・・・・・・・・・・小さじ1 1/2
粉山椒・・・・・・・・・・・・・・・少々

卵めん・・・・・・・・・・・・・・・4玉
ごま油・・・・・・・・・・・・・・・適宜

作り方

1 にんにく、しょうが、長ねぎはみじん切りにする。

2 豆腐は食べやすい大きさに切る。

3 中華鍋にごま油を熱して1を炒め、ひき肉を加えてカリカリになるまで炒める。さらに豆板醤を加えて香りを出し、Aと豆腐を加えて煮つめる。

4 豆腐に味がしみたら、片栗粉を同量の水で溶いて流し入れ、鍋をゆすって全体にとろみをつける。

5 卵めんは沸騰した湯に入れ、1〜2分ゆでる。ざるにあけ、ごま油をふってからませておく。

6 器に5の卵めんを盛り、めんの上に4の麻婆をのせ、粉山椒をふって食べる。

Noodle with Minced Pork & Spicy

山椒を食べたのは
大人になってから。
中華料理屋さんの辛い麻婆豆腐に
よく入っていて、
これを入れるだけで本格的になるから
真似して使ってます。
うちでは、祇園の「原了郭」の
粉山椒をふりかけます。

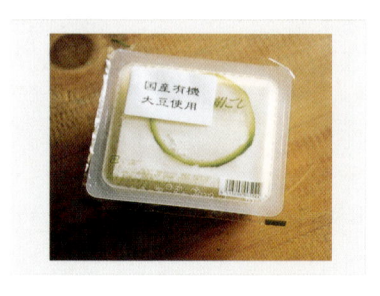

ベジタリアンの友達から教えてもらった
「大豆屋」さんのお豆腐は
ひとくち食べた瞬間に「クリーミー！」
濃厚なチーズみたいな感じです。
さらに、ここの豆乳が
めちゃめちゃおいしい。
ただでもらえるおからもおいしい。

お義母さんは
手作りみその天才かも。
いっぱい作っている中から、
「味が濃いけどいる〜？」って
聞かれたので、どれどれ味見を。
うんおいしい。
〝中国のトウチみそに似ているかも〟
ピピンときたのでもらってきました。

Bean Paste

子供のころ、給食で出た麻婆豆腐が厚揚げを使っていて、
すごく甘くてそしてなぜか苦かったんです。それを食べて以来苦手になってしまって……。
夕飯に登場しても食べなかったくらいでした。けど今はめちゃめちゃ大好物。
おみそが変わると味も変わるのでいろいろなみそで試していますが、
お義母さんが作ったみそがトウチに似ているのでよく使います。
あと豆腐は〝型崩れしてもいいから〟ツルッとした絹ごしがやっぱりおいしいよね。

ねぎみそおでん

おでんといったらこの3種類の具しか入っていないのが実家のころからのスタイルなんだけど、よく友達や子供に「なんでこれしか入ってないの？」と聞かれて
私も「だよね？　どうしてこの3つなんだろう」と考えてみました。
たぶん母はまっさきになくなる人気の具ベスト3を、最終的に絞ったのかも。
別名「引き算おでん」って感じ？　で、ねぎみそでちょっと足し算。お味は＋＋＋＋!!

作り方

1 こんにゃくは縦横に細かい切り目を入れて水からゆで、1枚を6〜8つに切る。
2 厚揚げは熱湯をくぐらせて油抜きし、1枚を6つに切る。
3 大根は3cm厚さに切り、大きければ2つに切って米のとぎ汁を入れたたっぷりの湯でやわらかくゆでる。
4 鍋にだし、酒、塩、しょうゆを加えて調味し、1　2　3を入れて弱火で40〜50分煮る。
5 長ねぎは小口切りにし、みそと混ぜ合わせる。
6 器に4を盛りつけ、5のねぎみそを添えて食べる。

材料（4人分）

こんにゃく（黒）・・・・・・・・・大1枚
厚揚げ・・・・・・・・・・・・・・2枚
大根・・・・・・・・・・・・・・・2/3本
かつおだし（12ページ参照）・・・5〜6カップ
酒・塩・しょうゆ・・・・・・・・・各少々
長ねぎ・・・・・・・・・・・・・・1〜2本
みそ・・・・・・・・・・・・・・・1カップ

おいしいかつお節は、触った時にふわふわやわらかくて、パックを開けた時の香りが違うんですよね。それに、用途によってもいろいろな種類があるから。だし好きな私としては、おでんにはお吸いものタイプのものを選んでほしいな。

Oden with Negi-Miso Dip

牛肉と長ねぎのうどん

ある日うちのダンナが「肉うどんっていうのをそば屋で食べたらおいしかったんだよー」と。
作ってくれ～と言われ、レシピを聞いて早速作ってみたらおいしい！
それ以来うちの定番うどんに仲間入り。だし好きなワタシとしては
「ここは手を抜いちゃいかん」ということで手間はかかるけどちゃんとかつおでだしをとります。
だから家族には「最後の一滴まで飲んでね～、ちゃんとしたおだしなんだから」
と脅してます（笑）。あ、このセリフうちの母もよく言ってた……。

材料（4人分）

- 牛肉切り落とし・・・・・・・300g
- 長ねぎ・・・・・・・・・・・2本
- 乾燥わかめ・・・・・・・・・50g
- 冷凍うどん・・・・・・・・・4玉
- かつおだし（12ページ参照）・・・・8カップ
- しょうゆ・・・・・・・・・大さじ4
- 酒・・・・・・・・・・・・大さじ2
- みりん・・・・・・・・・・大さじ2
- 塩・・・・・・・・・・・・・少々
- ごま油・・・・・・・・・・大さじ3
- 卵・・・・・・・・・・・・・4個
- 七味唐辛子またはゆずこしょう・・・・適宜

作り方

1 牛肉は食べやすい大きさに切る。長ねぎは斜め削ぎ切りにする。乾燥わかめは水に浸してもどし、ざく切りにする。

2 鍋にごま油を入れて中火で熱し、牛肉を炒める。色が変わったら、かつおだしを入れ、しょうゆ、酒、みりん、塩を加えて調味する。

3 沸騰したらうどんを凍ったまま入れて温める。長ねぎ、わかめを入れ、2～3分煮て火を止める。

4 器に3のうどんを盛りつけ、残っただし汁に卵を入れてポーチドエッグを作り、うどんの上にのせる。七味唐辛子またはゆずこしょうをふって食べる。

うちの家族は全員七味好き。
うどんやそばには
必ずというほど使います。
よくおみやげでもらうんですけど
あっという間になくなりますね。
それから、
漬けものに七味としょうゆをかけて
食べるのがうちの定番です。
とくに白菜。とてもおいしいので
ぜひやってみてくださいね。

Beef Udon Noodle with Negi

肉じゃが

めんつゆは作り置きしておくと
丼ものに、煮ものにと幅広く使えて便利です。
鍋にみりん1カップを入れて強火にかけ、
アルコールがとんだら、しょうゆ1カップを入れ、
すぐにかつお節40gを加えます。
少し煮立てて火を止め、こしたらできあがり。

小さいころ
お肉屋さんのショーケースの中を
ず〜っと覗いているのが好きでした。
今は、近所のお肉屋さんで
包み紙に入ったお肉を買うのが好き。
ちょっとエコだったりする感じがいいんです。
ね！ おいしそうでしょ。

材料（4人分）
牛肉切り落とし・・・・・・・・・200g
じゃがいも・・・・・・・・・・5〜6個
玉ねぎ・・・・・・・・・・・1½個
絹さや・・・・・・・・・・・・適宜
しらたき・・・・・・・・・・・1袋
菜種油・・・・・・・・・・大さじ2〜3
かつおだし（12ページ参照）・・・・・適宜
砂糖・・・・・・・・・・・・大さじ2
めんつゆ・・・・・・・・・⅓〜½カップ
しょうゆ・・・・・・・・・・・・適宜

作り方
1 牛肉は食べやすい大きさに切る。
2 じゃがいもは皮をむき、2つ割りか3つ割りにして水にさらし、水けをきっておく。玉ねぎはくし形に切る。絹さやは筋をとり、塩（分量外）を入れてサッとゆでておく。
3 しらたきは熱湯をかけ、食べやすい長さに切っておく。
4 鍋を熱し、菜種油を入れて1の肉を強火で炒める。色が変わったら玉ねぎを入れてさらに炒める。玉ねぎに油がまわったところでじゃがいもを加え、炒め合わせる。
5 全体に油がまわったら、材料がひたひたにつかるのを目安に、だし、砂糖、めんつゆを入れる。さらに、しらたきも入れ、落としぶたをして煮る。
6 ときどきアクを取り除きながら、じゃがいもがやわらかくなるまで煮る。
7 煮上がる直前にしょうゆで味を調える。2の絹さやを入れ、ひと煮して仕上げる。

Braised Beef and Potatoes

撮影中、スタッフの方が子供たちに「お母さんのごはんで何が一番好き？」と聞いたらしく、
ふたりは口を揃えて「肉じゃが！」と答えたそう。え〜!?　そうだったの？　そんなの初耳です。
いつもはラーメン、うどんとか言ってるのに。でもよく作ってるよね。その度に
「今日は肉じゃが〜〜？」「イェ〜〜イ♪」って飛び跳ねてるもんね。というわりには
お肉よりしらたきばっかり食べてるじゃん！　よーし、次は「たきじゃが」にしよう。

ドライカレー

材料(10人分)

- 豚ひき肉・・・・・・・・・・・・500g
- 玉ねぎ・・・・・・・・・・・・・2個
- にんじん・・・・・・・・・・・・2本
- にんにく・・・・・・・・・・・・2片
- しょうが・・・・・・・・・・・1かけ
- ピーマン・・・・・・・・・・・・8個
- れんこん・・・・・・・・・・・・2節
- オリーブオイル・・・・・・・大さじ3
- 塩・こしょう・・・・・・・・・各適宜
- 五穀米ごはん・・・・・・・・・・適宜
- スパイスA(最初)
  - 赤唐辛子・・・・・・・・・・・2本
  - シナモンスティック・・・・・1かけ
  - クミンシード・・・・・・小さじ1〜2
  - ブラックマスタードシード・・小さじ2
- スパイスB(途中)
  - ローリエ・・・・・・・・・・・3枚
  - パプリカ・・・・・・・・・大さじ1
  - ターメリック・・・・・・・大さじ1
  - クミンパウダー・・・・・・大さじ1
  - コリアンダーパウダー・・・大さじ1
  - カレー粉・・・・・・・・・大さじ5
  - トマトケチャップ・・・・・¾カップ
  - 水・・・・・・・・・・2〜2½カップ
  - しょうゆ・・・・・・大さじ1〜1½
  - メープルシロップ・・・・・・80㎖
- スパイスC(最後)
  - ガラムマサラパウダー・・大さじ1〜2

作り方

1 玉ねぎ、にんじんはみじん切りにする。にんにく、しょうがはすりおろす。

2 ピーマン、れんこんは1cm角に切る。れんこんは水にさらし、水けをきっておく。

3 鍋にオリーブオイルを入れて中強火で熱し、スパイスAを入れて香りを出す。香りが出たら、にんにく、しょうが、玉ねぎを入れ、玉ねぎが透き通るまでよく炒める。

4 にんじんを加えて炒め、ひき肉を加えて肉がポロポロになるまで炒めたら、スパイスBを入れて水分がやや残るくらいまで煮る。途中、アクが出たら取り除く。

5 さらに2を加えて5分ほど煮る。塩、こしょうで味を調え、火を止めてからスパイスCを入れて仕上げる。

6 五穀米ごはんと一緒に器に盛る。

押し麦ごはんやいろんな食感がする五穀米は
3〜4歳の時から馴染みの深い味。
母の生まれた実家に遊びに行くと
必ず出てくる定番の一品でした。
ちょっと硬めですが噛むほどにいろんな味が広がり
お豆とか入っていたら最高です。

Minced Pork Curry

むか〜しむかし、父がVAN FANというドライブインを経営していた時、
そのころの私は2歳か3歳だったかな。そのレストランで一番のお気に入りで
しょっちゅう食べさせてくれたメニューが、ドライカレーとハンバーガー。
そのドライカレーの味は今でもはっきり憶えていて、記憶を頼りに作っています。
7〜8年前に「歯ごたえのあるものが足りないな」とふと思って(歯ごたえマニアなんです)、
たまたまあったれんこんを入れてみたら、これがうまい!
すいません、父のよりおいしくなっちゃいました。

和風クリームシチューとバジルソース

材料(4〜6人分)
鶏骨つきもも肉・・・・・・・・・・・300g
里いも・・・・・・・・・・・・・・・8個
玉ねぎ・・・・・・・・・・・・・・・1個
ブロッコリー・・・・・・・・・・・・1株
オリーブオイル・・・・・・・・大さじ1½
バター・・・・・・・・・・・・大さじ1½
チキンスープ・・・・・・・・・・6カップ
牛乳・・・・・・・・・・・・・1½カップ
コーンスターチ・・・・・・・大さじ2〜3
塩・こしょう・・・・・・・・・・・各適宜
バジルソース・・・・・・・・・・・・適宜

作り方
1 里いもはよく洗って皮をむき、ぬめりをふいて大きければ半分に切る。
2 玉ねぎはみじん切りにする。ブロッコリーは小房に分ける。鶏肉はぶつ切りにする。
3 鍋にオリーブオイルとバターを入れて中火で熱し、玉ねぎを炒める。
4 玉ねぎがしんなりしてきたら、鶏肉を入れて全体に焼き色がつくまでよく炒める。
5 さらに里いもを加えてざっと炒め合わせ、油がまわったところでスープを注ぎ、里いもがやわらかくなるまで30分ほど煮込む。
6 牛乳を加え、さらにブロッコリーを入れて、弱火にして煮る。3分煮たら、コーンスターチを水少々で溶いて加え、とろみをつける。最後に味をみながら塩、こしょうで仕上げる。
7 バジルソースをまわしかけて食べる。

山盛りで売られているバジルを見ると
即買いするほど大好きです。
そのあと、決まって作るのがバジルソース。
フードプロセッサーに15本分のバジルの葉と
にんにく1片、松の実大さじ2、
オリーブオイル1カップを入れて
攪拌すればできあがり。
粉チーズ⅓カップを入れると
さらにコクが出ておいしくなります。

シチューのとろみづけには
コーンスターチがおすすめ。
バターと小麦粉で作るよりもヘルシーです。

Japanese White

Stew with Basil Sauce

これも定番中の定番！ ごはんと合うクリームシチューです。割とサラサラしたスープなんだけど、里いもが入ると自然ととろみが出てくるから、バターと小麦粉で作るルウがなくてもいいんですよ。これだけでも十分おいしいけど、私はもうちょっとコクを出したい派。ヘルシーでコクがあるもの何かあるかな？ と冷蔵庫をのぞいてみたら、常備していたバジルソースを見つけて「あ、これ合うな！」とひらめいて……ばっちり合いました。突然やってくる小さなヒラメキ☆ちょっと心が弾んだりしちゃって。

いろいろ野菜のもみ漬け

野菜を刻んで、塩でもんで1時間置いておくんだけど、
私が見ていない隙に……子供がつまみ食いをしているらしい。
最初は、塩で水分が出てこんなに少なくなるのか〜と思っていたけど、
つまみ食いで減ってたのね。子供たちは「これメチャうま！」って言いながら
今では堂々とつまみ食い。ま、いいか。

材料（使いやすい分量）
キャベツ・・・・・・・・・・・・・2枚
ピーマン・・・・・・・・・・・・・1個
セロリ・・・・・・・・・・・・・・1本
にんじん・・・・・・・・・・・・・½本
しょうが・・・・・・・・・・・・・1かけ
塩・・・・・・・・・・・・・小さじ2〜3
A 酢・・・・・・・・・・・・大さじ3〜4
　砂糖・・・・・・・・・・・・大さじ2〜3

作り方
1 キャベツ、ヘタと種をとったピーマン、セロリは葉も一緒に食べやすい大きさに切る。にんじんは半月切りに、しょうがは薄切りにする。
2 ボウルに1の材料をすべて合わせ、塩を加えてもみ、重しをして30分〜1時間置く。
3 容器にAを入れて混ぜ、水けをよく絞った2を漬け込む。すぐにでも食べられるが、翌日でもおいしい。

不思議なくらい
お塩で料理の味が変わります。
私も母の影響で
伯方の塩、ゲランドの粗塩と細かいのと
3種類でまわしていますが、
母は3〜5種類ぐらいの塩を
常にストックしていていろいろと使い分け、
お料理ごとに変えていました。

Various Pickled Vegetables

フレンチトースト

ちょっと遅く起きた日曜日の朝のお楽しみ♪

ボリューム満点だからブランチとして作ります。昔ほどバターを食べなくなったけど

それって歳かしら!? フレンチトーストの時はたっぷりのバターで

こんがりきつね色に焼きます。パンは厚めに切るから、中まで卵液を吸わせるには

前の晩からつけておいたほうがいいかも。そうすれば朝は焼くだけだから楽々です。

ポイントはマイヤーズラムで香りをプラス。酔っぱらうから入れすぎに注意してね。

French Toast

材料（2〜3人分）
- フランスパン（斜めに切ったもの）・・・6切れ
- 卵液
  - 牛乳・・・・・・・・・1〜1½カップ
  - 卵・・・・・・・・・・・・・・2個
  - 粉砂糖・・・・・・・・・大さじ2〜3
  - 生クリーム・・・・・・・・・大さじ2
  - ラム酒・・・・・・・・・・大さじ½
- 食塩不使用バター・・・・・・・大さじ3
- シナモンパウダー・メープルシロップ・各適宜
- ホイップクリーム・・・・・・・・・適宜
- ラズベリージャム・・・・・・・・・適宜

作り方
1 バットに卵液の材料を入れて混ぜ合わせる。
2 1にフランスパンを浸して2〜3時間置く。
3 フライパンにバターを入れて中火で熱し、2のフランスパンを両面とも弱火でじっくり焼き目がつくまで焼く。
4 器に盛ってシナモンパウダーとメープルシロップをかけ、ホイップクリームとラズベリージャムを添える。

輸入食品店などで売られている
1ℓ入りの
「メープルシロップNo.2アンバー」は、
ちっちゃいボトルを買うよりお得です。
自然な甘みとちょっぴり香ばしいところが好きで
食卓に置いてあるだけで幸せな気分になってしまいます。
このごろは、みりん代わりにお料理にも使って、
新しいおいしさを発見中！

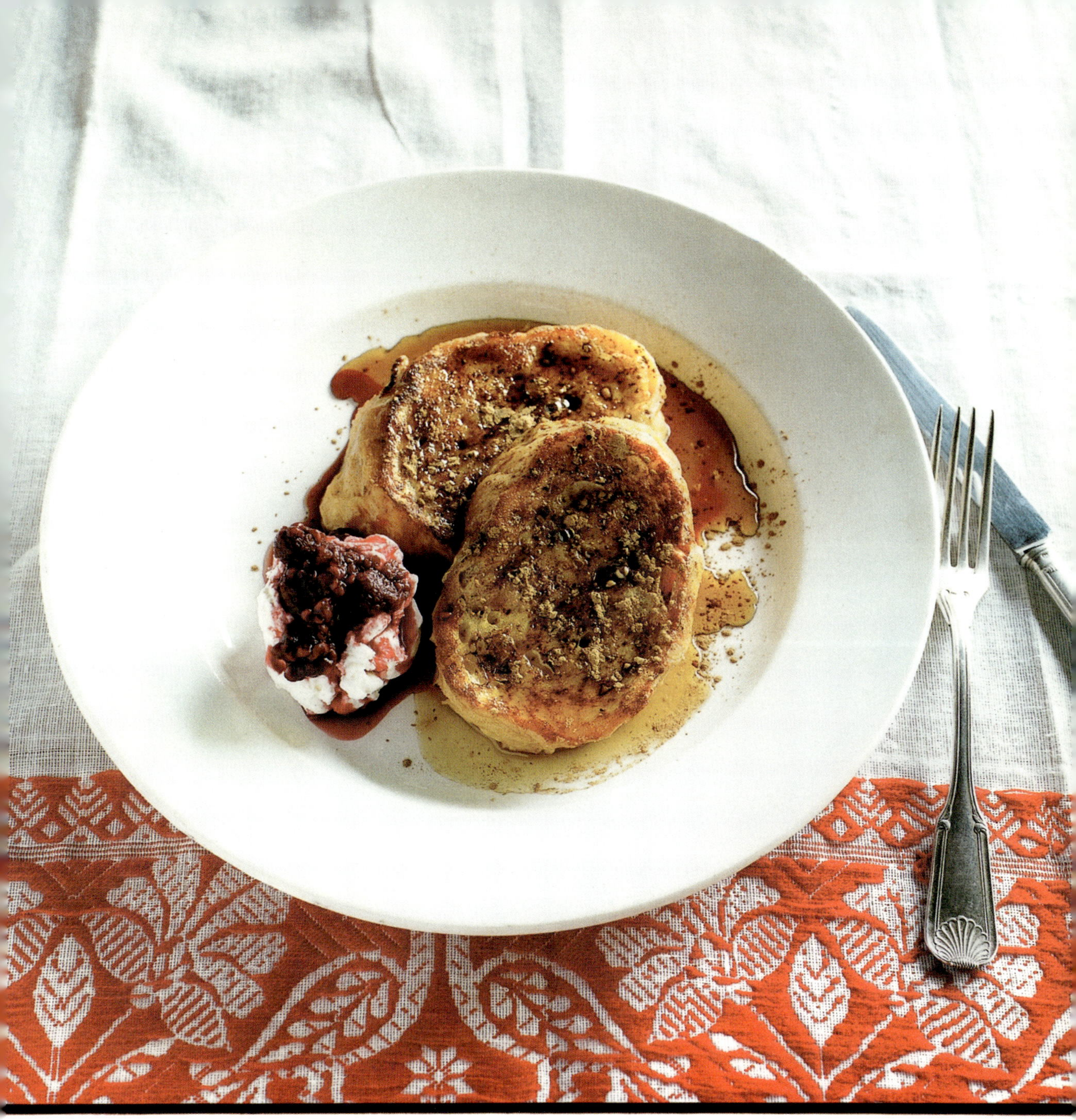

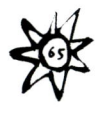

part 3

出会った味

新婚旅行はアフリカのセネガルに
行きました。素朴で鮮やかな原色の世界、
民族衣装や生活雑貨になぜか
心ひかれてしまいます。以来、モロッコ、
ベトナムなどにも行くチャンスがあり、
そのつど現地の料理を覚えて
レパートリーも増えました。
味を思い出しながらあれこれ悩んで
料理を再現。その試行錯誤が楽しくて、
ワクワクするんです。
友人宅でごちそうになった料理なども
気に入ると自分流にアレンジします。
新しい味に出会って何度となく
レシピが変わりながらも我が家に定着した
とっておきの数々をご紹介します。

12.000
PPUCCINO
ARAMEL
ALMOND
PORT MOHAMMED V
DEPART
SUPER PULPE SECHE
HANA

スープカリーと玄米ごはん

Soupy Curry with Brown Rice

近所においしいインドカレー屋さんがあるんです。なんとか家でも作れるようになりたいな
と思っていた矢先、お店の方に作り方つきスパイスセットをいただいてラッキー。
そして早速挑戦。「ムムム……お店の味だ！」とかなり感動してしまいました。
それからは自分なりに試作をして、今でも研究中。おいしさのポイントは
スパイスを多めのオイルでよく炒めることと、ヨーグルトとトマトで煮込むってことかな。
香菜としょうがも忘れないでね。味が全然違います。
いつかあのカレー屋でバイトしよう。

材料(5〜6人分)

- 鶏胸肉(もも肉でも)・・・・・・・・・2枚
- ターメリック・・・・・・・・・・小さじ1½
- にんにく・・・・・・・・・・・・・・・2片
- 玉ねぎ・・・・・・・・・・・・・・・大2個
- セロリ・・・・・・・・・・・・・・・・1本
- にんじん・・・・・・・・・・・・・・・2本
- ヤーコン(なければ大根)・・・・・・500g
- 香菜・・・・・・・・・5本(3本は飾り用)
- オクラ・・・・・・・・・・・・・・・・1袋
- 生しいたけ・・・・・・・・・・・・・8個
- オリーブオイル・・・・・・・・・・½カップ
- 塩・こしょう・・・・・・・・・・・各適宜
- しょうが・・・・・・・・・・・・・・・適宜

スパイスA
- 赤唐辛子・・・・・・・・・・・・・・2本
- クミンホール・・・・・・・小さじ山盛り1
- ブラックマスタードシード・小さじ山盛り1
- シナモンスティック・・・・3cm長さ1本
- カルダモン(つぶして使う)・・・・・3粒

水分
- プレーンヨーグルト・・・・・・・・2カップ
- トマト水煮缶(完熟トマト3〜4個でも) 1缶
- ブイヨンキューブ・・・・・・・・・・2個

スパイスB
- コリアンダーパウダー・・・小さじ1〜2
- ターメリックパウダー・・・小さじ1〜2
- カレー粉・・・・・・・・・・・・・・少々
- ローリエ・・・・・・・・・・・・・・2枚
- クローブ・・・・・・・・・・・・・・3粒

スパイスC
- ガラムマサラパウダー・・・・・小さじ2

作り方

1 鶏肉は一口大に切り、塩小さじ1とターメリックで下味をつけておく。

2 にんにく、玉ねぎはみじん切りにする。

3 セロリとにんじんは5cm長さに切る。ヤーコンは一口大に乱切りにする。

4 香菜2本はよく洗い根ごとみじん切りにする。オクラはよく洗ってうぶ毛をざっととる。生しいたけは石づきをとり、縦に手で4つに裂く。

5 大きめの鍋にオリーブオイルを入れて強火で熱し、スパイスAを加えて香りを出す。スパイスがパチパチはねたり唐辛子がすぐに焦げてくるので、5秒ほどしたら2を加えて中火で5〜6分炒める。

6 1の鶏肉を加えて炒め、表面の色が変わってきたら3を加えて炒める。

7 プレーンヨーグルトを加え、トマト缶、ブイヨンキューブを加えて全体を混ぜ合わせる。

8 スパイスBを加え、アクが出てきたらすくい、煮汁にとろみがつくまで20〜30分煮込む。

9 4を加え、塩、こしょうで味を調えて火を止め、最後にガラムマサラを入れて仕上げる。

10 器に盛り、しょうがのせん切りと飾り用の香菜3本の葉部分をのせ、ざっと混ぜ合わせて食べる。

ごはんは玄米ごはん(28ページ参照)がおすすめ

カレーをおいしく仕上げるにはスパイスを入れる順番が大切。入れる順番が違うと味も変わってしまいます。また、オイルを熱してからスパイスを入れるとおいしくなるとか。香りのスパイス、ガラムマサラは火を止めてから入れるのがポイント。教えたいことがたくさんありますが、まずは、このスープカリーの手順を守って作ってみてください。私は友達から教えてもらったネットショップの「大津屋」でスパイスを購入しています。香りがとにかくいいのでおすすめです。

ナジーヤのクスクス

クスクスにかける **鶏肉スープ**

材料（7〜8人分）
鶏骨つきぶつ切り肉・・・・・・・・・1kg
玉ねぎ・・・・・・・・・・・・・・・1個
大根・・・・・・・・・・・・・・・15cm
粒黒こしょう・・・・・・・・・・小さじ1
サフランパウダー・・・・・・・・小さじ1
オリーブオイル・・・・・・・・・½カップ
水・・・・・・・・・・・・・・・・・1ℓ

作り方
1 玉ねぎはくし形に、大根は7cm長さの拍子木切りにする。いずれも切り終わったら水につけておく。
2 圧力鍋にすべての材料を入れて強火にかける。圧力がかかったのを確認したら弱火にして15分煮込み、火を止めて自然放置する。

モロッコのお母さんがやっていたクスクスの作り方をまねしてみたらすごくおいしかったので、みなさんにも伝授しますね。ちっちゃめに切ったバターを蒸し終わったクスクスに混ぜ合わせます。これだけで、スープをかけたときのおいしさが違います。コクが出ておいしくなるんですよ。
このパッケージは、モロッコで買ったfrida（フリーダ）というクスクスですが、手に入るもので作ってみてください。

クスクスにかける **野菜スープ**

材料（7〜8人分）
玉ねぎ・・・・・・・・・・・・・・・1個
じゃがいも・・・・・・・・・・・・・3個
にんじん・・・・・・・・・・・・・・3本
ズッキーニ・・・・・・・・・・・・・3本
トマト・・・・・・・・・・・・・・・2個
サフランパウダー・・・・・・・・小さじ1
オリーブオイル・・・・・・・・・大さじ2
コリアンダー・・・・・・・・・・・1束
塩・こしょう・・・・・・・・・・各適宜
水・・・・・・・・・・・・・・・2½カップ

作り方
1 玉ねぎはくし形に切る。じゃがいもは縦6等分に切る。にんじんは7cm長さの拍子木切りにする。ズッキーニは半分に切って縦4等分に切る。切り終わったら、すべて水につけておく。
2 じゃがいもとズッキーニは水につけたあと、塩でもんでおく。
3 トマトは角切りにする。
4 鍋に玉ねぎ、サフランパウダーをひとつまみ、オリーブオイル、水を入れて強火にかけ、煮立ってからじゃがいも、ズッキーニ、サフランパウダーの残りの量を加える。
5 中火にして5分煮たらにんじん、さらに5分煮たらコリアンダーを加えるといった具合に、時間差で野菜を入れる。
6 さらに5分煮てトマトを加え、約20分弱火で煮込む。塩、こしょうで味を調えて仕上げる。

クスクスには結構ピリ辛なアリッサソースが合います。おろしにんにく2片分、オリーブオイル¼カップ、カイエンペッパー小さじ2、クミンパウダー・パプリカパウダー・コリアンダーパウダー各小さじ1、塩小さじ½を混ぜるだけととても簡単。ぜひお試しを。

Najiya's Couscous

モロッコへ行ったとき、一番おいしいと思ったのはナジーヤのクスクス。ナジーヤって??
それは友達の旦那さんのお姉さん。お母さんの作るごはんもおいしいらしく、
親子揃ってお料理上手。野菜とお肉の自然な甘みが染み出たさらさらのスープを
たくさんかけて、クスクスといただくので、食べるというより飲む感じ。
今まで食べたことがないくらいおいしかった。このスープとクスクスの量のバランスが
おいしさの秘密なんだなと思います。モロッコの高級レストランでも食べましたが
ちょっと味が濃かったりして、やっぱり家庭の味にはかないません。

あじの干ものの混ぜごはん

材料（4人分）
- 米・・・・・・・・・・・・・・・3合
- 水・・・・・・・・・・・・・・540ml
- あじの干もの・・・・・・・・・3尾
- きゅうり・・・・・・・・・・2〜3本
- 青じそ・・・・・・・・・・・・5枚
- しょうが・・・・・・・・・・・1かけ
- 塩・・・・・・・・・・・・小さじ½
- しょうゆ・・・・・・・・・・・適宜
- 甘酢・・・・・・・・・・・大さじ4
- すりごま・・・・・・・・・・大さじ2
- 焼きのり・・・・・・・・・・・2枚

＊甘酢は米酢1カップ、甜菜糖大さじ5、塩小さじ1を瓶に入れ、ふたをしてよくふり、作り置きします。

作り方
1. ごはんを炊く。米は炊く30分前にとぎ、分量の水で普通に炊く。
2. 干ものは焼いて、ざっくりとほぐしておく。
3. きゅうりは薄切りにして塩で軽くもみ、しばらく置いておく。
4. 青じそ、しょうがの薄切り3枚はせん切りにする。
5. 残りのしょうがはすりおろし、しょうゆと混ぜ合わせておく。
6. 炊いたごはんをボウルに入れ、甘酢をふり入れてしゃもじで切るように混ぜる。
7. 3のきゅうりの水分をよく絞り、ほぐした干もの、すりごま大さじ1½とともに6に混ぜる。
8. 器に盛り、しょうがのせん切り、青じそ、すりごま、細く切った焼きのりを散らす。好みで5のしょうがじょうゆをかけて食べる。

茅ヶ崎駅の近くにある魚屋さん。
生しらすがおいしいと近所の人に聞いていたけれど
それ以上に干ものがおいしそうだったので、試しに買ったら大正解。
今でも浮気することなく通い続けています。

Rice mixed

with Sun-Dried Horse Mackerel

茅ヶ崎に住んで早12年。湘南にはおいしい魚屋さんがたくさんあります。
あれを買うならココかココ！　みたいな行きつけのお店もできました。茅ヶ崎駅の近くに
おいしいあじの干ものが売られていて、身もたっぷり詰まっているし、塩加減もいいんです。
チーム通称「干ものはめんどう」の息子とダンナも、喜んで食べてくれる納得の味です。
そんなあじさんを、今回はちょっとよそゆき風に混ぜごはんにしてみました。

焼きなすのサラダ奴

Grilled Aubergine Tofu Salad

Deep-Fried Tofu with Lemon Grass Sauce

厚揚げのレモングラスソース

材料（4人分）
なす・・・・・・・・・・・・・・・2個
絹ごし豆腐・・・・・・・・・・・・1丁
A クミンパウダー・・・・・・・・小さじ½
　パプリカパウダー・・・・・・・・・少々
　塩・こしょう・・・・・・・・・・各適宜
　しょうゆ（好みで）・・・・・・・・少々
　オリーブオイル・・・・・・・・・大さじ2
かつお節・・・・・・・・・・・・・適宜
万能ねぎ・・・・・・・・・・・・・適宜

作り方
1 豆腐はキッチンペーパーで包んでざるに上げ、水けをきっておく。
2 万能ねぎは小口切りにする。
3 なすは網焼きにし、皮が黒くなったら氷水にさらして皮をむき、手で裂いて3等分にする。
4 ボウルにAの材料を入れて混ぜ合わせる。なすを入れて軽く混ぜる。
5 器に豆腐を盛り、上に4をかけ、かつお節と万能ねぎを散らす。

モロッコの有名なサラダ屋さんで食べた時おいしかった前菜、なすのサラダはクミンの味が効いています。これを冷奴にのせて和風に変身させました。

厚揚げとレモングラスのレシピは、ベトナム家庭料理屋さんで食べてすっかりお気に入りになってしまった一品。そして国産大豆でおいしい豆腐を作っている近所の「大豆屋」さんのお豆腐でいただきます。そのままでもおいしいお豆腐だからちょっともったいなかったりして。

ベトナムやタイに行った時には、生春巻きの皮と一緒に現地で人気のナンプラーを買います。シンプルな炒めものとかにおしょうゆの代わりにちょこっと入れるだけでタイの屋台料理に変身。すぐれものです。

作り方
1 厚揚げは熱湯をかけて油抜きし、焼き網かグリルで焦げ目がつくまで焼き、8等分する。
2 にんにく、レモングラスはみじん切りにする。
3 干しえびは½カップの湯でもどしておく。
4 フライパンにごま油を入れて熱し、にんにく、チリパウダー、レモングラス、干しえびをもどし汁ごと全部入れて弱火でじっくり炒め煮にし、塩で味を調えてソースを作る。
5 器に厚揚げを並べ、4のソースをかける。

材料（4人分）
厚揚げ・・・・・・・・・・・・・・1枚
にんにく・・・・・・・・・・・・・½片
生のレモングラス・・・・・・・・・1本
干しえび・・・・・・・・・・・・大さじ2
チリパウダー・・・・・・・・・・・少々
ごま油・・・・・・・・・・・・・大さじ1
塩・・・・・・・・・・・・・・・・適量

モロヘイヤと紫いものスープ

小さいころから好きな配色、green と purple。
洋服を選ぶ時も、この配色のものがあると飛びついてしまいます。
エジプト料理店の番組を観た時に作っていたモロヘイヤのスープは、グリーンの色がおいしそうだった。そこにパープルの紫いもを入れたら好きな配色になる？　と思い作ってみました。隠し食材のれんこんとえびが、いい食感になってます。
生クリームをたら〜りとかけてコクをプラス。

紫いもやモロヘイヤ、赤玉ねぎや紫キャベツなど料理しているときにきれいな色が出る野菜をよく使います。

材料（4人分）
- モロヘイヤ・・・・・・・・・・・・1束
- 紫いも・・・・・・・・・・・・・½本
- れんこん・・・・・・・・・・・小1節
- 玉ねぎ・・・・・・・・・・・・・¼個
- にんにく・・・・・・・・・・・・2片
- オリーブオイル・・・・・・・・大さじ1
- チキンブイヨン・・・・・・・・・1個
- 湯・・・・・・・・・・・・・・6カップ
- 塩・こしょう・・・・・・・・・各適宜
- 生クリーム・・・・・・・・・・・適宜

作り方
1 モロヘイヤは葉の部分をとり、サッとゆでてみじん切りにする。
2 紫いもは皮をむき、2〜3cm厚さの輪切りにする。やわらかくゆで、ざるに上げておく。
3 れんこんは粗みじん切りにする。玉ねぎ、にんにくはみじん切りにする。
4 鍋にオリーブオイル、にんにくを入れて弱火で焦がさないように炒めて香りを出す。玉ねぎを加えて半透明になるまで中火で炒める。
5 さらにれんこんを加えて軽く炒め、ゆでた紫いもを入れて油が全体になじんだら湯、チキンブイヨンを入れて中火で5分煮る。
6 火を止めて、そのままハンドミキサーでかき混ぜポタージュ状にする。
7 塩、こしょうで調味し、刻んだモロヘイヤを加える。
8 器に入れ、生クリームをかけて食べる。

Molokheiya and Purple Yam Soup

ベトナム風野菜炒め丼

材料（4〜5人分）
- 豚ひき肉・・・・・・・・・・・・・・100g
- 厚揚げ・・・・・・・・・・・・・・・1枚
- 小松菜・・・・・・・・・・・・・・・1束
- トマト・・・・・・・・・・・・・・1〜2個
- にんにく・・・・・・・・・・・・・・2片
- しょうが・・・・・・・・・・・・・1かけ
- 長ねぎ・・・・・・・・・・・・・・10cm
- 赤唐辛子・・・・・・・・・・・・・・1本
- 酒・・・・・・・・・・・・・・・・大さじ2
- オイスターソース・・・・・・・・・大さじ2
- ナンプラー・・・・・・・・・・・・大さじ2
- ごま油・・・・・・・・・・・・・・大さじ3
- 香菜・バジル・ミント・・・・・・各2〜3本
- ごはん・・・・・・・・・・・茶碗4〜5杯分

作り方

1 厚揚げは熱湯をかけて油抜きし、厚みを半分に切って一口大の正方形に切る。

2 小松菜は5cm長さに切る。トマトはざく切りにする。にんにく、しょうが、長ねぎ、香菜、バジル、ミントはみじん切りにし、赤唐辛子は粗みじん切りにする。

3 中華鍋にごま油大さじ2を入れて強火で熱し、ひき肉、にんにく、しょうが、長ねぎ、赤唐辛子を入れて炒める。

4 酒を加えてアルコール分をとばしながらさらに炒める。オイスターソース、ナンプラーをふり、トマトを入れてざっと炒め合わせる。

5 4をボウルにあけておき、同じ鍋に残りのごま油を入れて厚揚げを炒める。少し焦げ目がついたら小松菜、4、香菜、バジル、ミントを加えて炒め、小松菜に火が通ったら火を止める。

6 器にごはんを盛り、5をのせて食べる。

Vietnamese Stir-Fried

手早くチャチャッと作れる
おかずが好きなので
「パンタイノラシン」の
オイスターソースがないと
料理もひと苦労。
絶対にきらせない調味料です。
タイ食材を取り扱うメコンフーズで
よくネット買いします。

Vegetable Rice Bowl

朝、市場へ行って真っ先に小松菜コーナーへ直行し、朝採りされたものを買います。
豚肉はスライスされたものより、ひき肉のほうがたれがよく染み込んでおいしいんですよ。
見た目もちょっとおしゃれになるしね。この料理のヒントは屋台料理などに必ずある
「青菜の炒めもの」から。特にサーフィンから帰ってきた時は、なぜかナンプラーが効いた
エスニックが食べたくなります。そんな時は、短時間でおいしくできる丼ランチが最高です。

塩焼き鶏とルッコラのスパイシーサラダ

地元の新鮮な鶏肉とルッコラも市場でしょっちゅう買います。
山のように入ったルッコラが100円だから、買わずにはいられないのです。
まさに市場に通い続けて思いついた即興レシピです。最初は和風のつもりで作っていたけど、
カレー粉を入れたほうがごはんにもビールにも合いそうだなと思ってちょっと路線変更。
海苔やしょうゆが入っているから、柚子こしょうと一緒に食べてもおいしいですよ。

材料（4～6人分）
鶏もも肉・・・・・・・・・・・・2枚
ルッコラ・・・・・・・・・・・130g
粗塩・・・・・・・・・・・・・適宜
A カレー粉・・・・・・・小さじ1～2
　マヨネーズ・・・・・・・・大さじ2
　オリーブオイル・・・・・・大さじ3
　酢・・・・・・・・・・・・大さじ3
　しょうゆ・・・・・・・・・・少々
　すりごま・・・・・・・・・・少々
塩・こしょう・・・・・・・・各適宜
焼きのり・・・・・・・・・・大2枚

作り方
1 鶏肉は粗塩をやや多めにふり、グリルで両面をこんがり焼き、一口大に切っておく。
2 ルッコラはざく切りにする。
3 ボウルにAの材料と、1の鶏肉と2のルッコラを入れて混ぜ合わせ、塩、こしょうで味を調える。
4 器に盛り、焼きのりをちぎって散らす。

最近見かけないけど、
Mida's（ミダーズ）のカレー粉が
好きです。
他のカレー粉とはちょっと違って
スパイスそのものの香りがよく、
インドにいるみたいな
そんな感じかな!?
ネットショップ「コウベグロサーズ」で
手に入るそうなので
ぜひ試してみてください。

Grilled Chicken

and Rocket Salad with Spicy Dressing

★ ほうれんそうのクミン炒め（パロン・サーク・バジャ）

Stir-Fried Spinach with Cumin

★ キャベツとじゃがいものカレー（バンダコピル・トルカリ）

Cabbage Potato Curry

材料(4人分)
ほうれんそう・・・・・・・・・・・・・1束
にんにく・・・・・・・・・・・・・・・4片
菜種油・・・・・・・・・・・・・・大さじ2
スパイスA
　クミンホール・・・・・・・・・・小さじ½
　赤唐辛子・・・・・・・・・・・・2〜3本
　ブラックペッパーパウダー・・・・・少々
塩・・・・・・・・・・・・・・・・小さじ½

作り方
1 ほうれんそうは根元の部分までよく洗い、根元の部分も含め5cm長さに切る。
2 にんにくはすりおろす。赤唐辛子は細かく刻んでおく。
3 中華鍋に菜種油大さじ1を入れて強火で熱し、ほうれんそうをサッと炒め、水½カップを注いで数秒ゆでたら、火を止める。鍋の水分を捨て、ほうれんそうを取り出しておく。
4 同じ鍋に残りの油を入れて熱し、スパイスAとにんにく、ほうれんそうを入れてサッと炒め、塩で味を調えて仕上げる。

インド料理のケータリングをしたときに作っていた2種類の炒めもの。
アーユルヴェーダの施術師をしているお友達から伝授され、
すっかり病みつきになりました。材料も作り方もシンプルなのに、
ごはんと合う合う！ お肉がなくてもこんなにごはんがすすむのか、
と思ってしまいます。インドではお昼に食べるライトなカレーらしく、
夜はガッツリとボリュームのあるものを食べるそうです。
うちではもっぱら夜ごはんのメインおかずになりますけど……。

いろいろなスパイスを使い始めてわかったことはクミンを入れると、とにかくインド料理の味になります。

材料(4人分)
キャベツ・・・・・・・・・・・・・・小1個
じゃがいも・・・・・・・・・・・・・中1個
玉ねぎ・・・・・・・・・・・・・・・½個
完熟トマト・・・・・・・・・・・・・1個
しょうが・・・・・・・・・・・・・1かけ
菜種油・・・・・・・・・・・・・・大さじ3
クミンシード・・・・・・・・・・・小さじ1
ローリエ・・・・・・・・・・・・・・1枚
赤唐辛子・・・・・・・・・・・・・2〜3本
ターメリックパウダー・・・・・・・小さじ1
クミンパウダー・・・・・・・・・・小さじ½
塩・・・・・・・・・・・・・・・・小さじ½
ガラムマサラパウダー・・・・・・・小さじ½

作り方
1 キャベツは太めのせん切りにし、じゃがいもは薄くスライスする。玉ねぎはみじん切りにする。トマトはざく切りにし、しょうがはすりおろしておく。
2 鍋に菜種油を入れて中火で熱し、クミンシード、ローリエ、赤唐辛子を入れ、さらに玉ねぎを入れてきつね色になるまで炒める。
3 キャベツ、じゃがいも、トマト、しょうがを加えてよく炒める。
4 ターメリック、クミンパウダーを加え、材料から出てくる水分がなくなるまでやや強火で炒める。
5 水1カップと塩を加え、ふたをして水分がなくなるまで蒸し煮にする。
6 火を止めてからガラムマサラを加え、全体にかき混ぜて仕上げる。

シナモンシロップフルーツ

Marinated Fruits in Maple Syrup

学校の運動会のお弁当で作ったデザートです。果物はレモンをかけても時間がたつと若干の変色もあるから、それをカムフラージュするにはどうしたらいいだろうと考え、シナモンの茶色が入ればごまかせる！（笑）　とひらめいて適当に作ったらおいしくできた、というシナモンシロップの誕生秘話でした～。

材料（作りやすい分量）
りんご・・・・・・・・・・・・・・・1個
キウイ・・・・・・・・・・・・・・・3個
いちご・・・・・・・・・・・・・・・1パック
パイナップル・・・・・・・・・・・・1個
A シナモンパウダー・・・・・・・小さじ2
　メープルシロップ・・・・・・・½カップ
　レモン汁・・・・・・・・・・・1個分

作り方
1 すべてのフルーツを一口大に切る。
2 りんごは塩水につけて変色を防ぐ。
3 ボウルにAの材料を入れて混ぜ、1のカットフルーツとりんごを入れる。
4 冷蔵庫に入れて30分ほど冷やして味をなじませる。

シナモンとレモンは
お菓子を作る時によく選ぶ組み合わせ。
とても相性がいいみたい。

with Cinnamon

ベジマフィン

材料（6個分）
A 薄力粉・・・・・・・・・・・・1½カップ
　全粒薄力粉・・・・・・・・・・½カップ
　ベーキングパウダー（アルミニウムフリー）
　・・・・・・・・・・・・・・・大さじ1
　海塩・・・・・・小さじ⅛（ふたつまみ程度）
B りんご（すりおろし）・・・・・1カップ
　メープルシロップ・・・・・・・¼カップ
　オリーブオイル・・・・・・・・¼カップ
　天然バニラエッセンス・・・・・大さじ½
りんご（細かく刻んだもの）・・・・½個分
アーモンドスライス・・・・・・・・適宜
カラメルソース（40ページ参照）・・大さじ1
プルーンのワイン煮（40ページ参照）・・適宜

作り方

1 オーブンを180度に温めておく。マフィン型に刷毛でオリーブオイル（分量外）をぬる。

2 ボウルを2個用意して、一方にAの材料をふるいにかけながら入れる。もう一方にBの材料を入れて泡立て器でよく混ぜ合わせる。

3 Aのボウルに B と刻んだりんごを加え、ゴムべらでさっくりと混ぜ合わせる。

4 3の生地をスプーンを使ってマフィン型に入れ、3個にはアーモンドスライスとカラメルソースをかけ、3個にはプルーンをのせて180度のオーブンで30分ほど焼く。竹串で中央を刺して生地がついてこなければ焼き上がり。

5 粗熱がとれたら型からはずしてワイヤーラックの上でさます。

Vegan Muffins

福島の「あんざい果樹園」のりんごは
めちゃめちゃおいしいです。
普通、お菓子を作る時には紅玉を使いますが
「富士でもじゅうぶんおいしいよ」と
教えてくれたのもあんざいさんです。
奥さんが作るりんごのデザートもうまい！

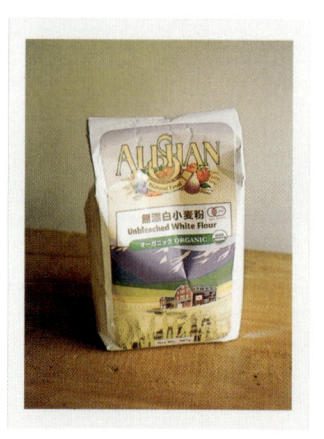

普段はアリサンオーガニックセンターの
オーガニック無漂白小麦粉を
使用しています。
シンプルな素材ほどよいものを
選んだほうが体も喜ぶし、
作っている時の楽しさも違います。
パッケージもかわいくてお気に入り。
同じシリーズの全粒粉もおすすめです。

マクロビオティックについて少々お勉強をした時に出会ったマフィン。
もちろんバター、卵、牛乳などは使わないですが、バター入りより断然おいしいです。
りんごベースだから胃ももたれず、何個食べても太らない(?)気がします。
材料はちょっとこだわって、オーガニックの小麦粉と全粒粉、ベーキングパウダーは
アルミニウムフリーのものを選びましょう。今回は「カスタードプディング」で登場した
プルーンのワイン煮と、余ったカラメルで作りました。
1日置いたほうがしっとりしておいしいですよ。

profile
ありもと・くるみ
東京都出身。桑沢デザイン研究所卒。
アパレルメーカーのデザイナーを経て、
ご主人とともにホームウェアブランド「griot.」を設立。
料理研究家・有元葉子さんを母に持つ家庭環境に育ち、
友人知人の間では評判の料理上手。
カフェのメニューのレシピづくりや
ケータリングの仕事もこなすなど幅広く活躍中。
最近、自宅ガレージを夫婦で自力改装した
ショップもオープン。
小学生の男の子、女の子の母でもある。

staff
アートディレクション・デザイン　若山嘉代子　若山美樹　L'espace
写真　長嶺輝明
スタイリング　駒井京子
取材　久木田佳代子
校閲　滄流社
進行　北城草葵
編集　五味千代美　山村誠司

Special Thanks
富安千枝
スカーレットめぐみ
warang wayan　石田雅美　http://michi-morocco.com/
　　　　　　　土屋由里　http://www.maanbali.com/

有元くるみの
ごはんアルバム

著　者　有元くるみ
編集人　泊出紀子
発行人　伊藤仁
発行所　株式会社主婦と生活社
　　　　〒104-8357　東京都中央区京橋3-5-7
　　　　編集部　03-3563-5136
　　　　販売部　03-3563-5121
　　　　生産部　03-3563-5125
　　　　振　替　00100-0-36364
印刷所　大日本印刷株式会社
製本所　株式会社DNP製本

Ⓡ本書の全部または一部を無断で複写（コピー）・複製することは、
著作権法上での例外を除き、禁じられています。本書からの複写を希望される場合は、
日本複写権センター(Tel 03-3401-2382)にご連絡ください。
ISBN978-4-391-13611-1
★十分に気をつけながら造本していますが、万一、乱丁、落丁のある場合は、
お買い求めの書店か小社生産部へご連絡ください。お取り替えいたします。
ⒸKurumi Arimoto 2008　Printed in Japan